世のため人のため、ひいては自分のための経営論

●ミッションコア企業のイノベーション●

慶應義塾大学大学院経営管理研究科教授
一般財団法人企業経営研究所所長
磯辺剛彦 著

東京 白桃書房 神田

はじめに

「世のため、人のためになり、ひいては自分のためになるということをやったら、必ず成就します。」これはパナソニックの創業者である松下幸之助氏の言葉です。この言葉ほど、日本企業が規範にすべき経営哲学はありません。

本書では、このような経営哲学を実践している企業を「ミッションコア企業」と呼んでいます。ミッションコア企業は、「過疎地の路線バスを守る」「過疎地に衣食住のすべてをそろえたインフラをつくる」「伝統工芸や特産品を後世に伝える」「高齢者を転倒から守る」など、人々の暮らしを豊かなものにすることを経営理念にしています。しかも顧客だけでなく、地域の人や従業員など、事業にかかわるすべての人が、うれしく、楽しく、役に立つ経営を行っています。ただし、それと同時に経営理念を実現するために厳格な分析や計算を行い、綿密に練られたビジネスモデルを設計することで、企業として適正な利益を上げることを可能にしています。

一般的には、企業が社会の役に立つことをするのは、社会で活動するための代償や対価であって、自社の利益とは矛盾するように思えます。ところが、ミッションコア企業は業界の常識や固定観念を打ち破ることで、社会的な貢献と企業としての利益獲得を両立しています。

今世紀に入って、日本は少子高齢化や地域経済の衰退といった逆風に直面していますが、ミッションコア企業は、このような環境変化によって出現したさまざまな社会的な不満、不安、不便、不快を解消する事業を展開しています。たとえば、新築住宅のための建材や金物を扱っていた専門商社が、高齢化社会を見据えて介護リフォーム事業に進出しています。あるいは、社員食堂を委託運営していた企業が、リーマンショックをきっかけに福祉施設での介護食づくりに方向転換しています。このように、ミッションコア企業の社会的価値とは、「人の暮らしに寄り添う」ことにあり、人々の生活の中での不安なことや嫌なこと、困ったことに共感して、手を差し伸べています。

従来の経営理論では、社会の利益と自社の利益を両立するミッションコア企業の経営を説明することはできません。私が専門とする経営戦略論では、自社の利益率や株式リターンのような経済的成果を大きくすることが経営目的とされています。経営目的が違えば、マネジメント手法やビジネスモデルも違ったものになります。つまり今の環境は、新しい経営のパラダイムの構築を企業に求めているのです。そこで本書の目的は、ミッションコア企業の経営論についての仮説や命題を導くことにあります。

ミッションコアの経営は、今流行りの「共通価値の創造」（ＣＳＶ）とは異なります。ハーバード大学のマイケル・ポーター教授は、従来の企業による社会貢献（ＣＳＲ）に代わって、経済価値と社会的価値を同時に実現する共通価値の創造を提唱しました。企業は、社会と共有できる価値を創造することにより、競争力強化と社会的課題解決の統合を目指すべきだと主張します。ただし、ＣＳＶでは社会的な課題の解決は経済価値を大きくする手段とされていますので、これまでの経営戦略論と同様に、企業の事業目的は経済的利益の最大化に置かれます。それに加えて、ＣＳＶで取り上げる社会的価値の定義があいまいなために、実務に応用することが難しいことも指摘されています。

それに対して、ミッションコアの経営は、社会の課題を解消することや企業の活動に関係する人たちを幸せにすることを優先し、それが結果として、自社の利益になることを目指します。つまりＣＳＶとは異なり、社会的価値の提供は目的であって手段ではないのです。

本書の事例の多くは、（一般財団法人）企業経営研究所の機関誌『企業経営』、経済雑誌『PRESIDENT』の特集「輝け！日本の中小企業」、東大阪市の「トップシェア企業調査」で取材した企業です。私が研究者としての仕事に就いて20年以上になりますが、これまでに１００名を超える経営者からミッションコアの独創的な経営方針やビジネスモデルについて話を伺うことができました。

興味深いことに、ほとんどの経営者は、特殊な能力をもった人ではありませんでした。イノベーションのきっかけは、個人の天才的なひらめきというより、普通の人が普段の生活のなかで見つけていました。もちろん、「自分たちが社会に存在する意義とは何か」「使命を実現するために何をすべきか」について、とことん考え抜いていたからこそ気づくことができたのです。

私が本書を世に出そうと思ったのは、２０１４年に立ち上げた「中堅企業研究会」での議論に刺激を受けたからです。実は、ミッションコア企業のほとんどが年商5億円から２５０億円の中堅企業でした。中堅企業研究会のメンバーは、ユニークな社員食堂やレシピ本で知られる（株）タニタの谷田千里氏、生命保険の分野で新しいビジネスモデルをつくったライフネット生命保険（株）の創業者の出口治明氏（現、立命館アジア太平洋大学学長）、元中小企業庁長官で日本貿易振興機構（ジェトロ）顧問の林康夫氏、一橋大学副学長・理事で組織論が専門の沼上幹氏、そして私を加えた5名でした。研究会での議論は、報告書『強い中堅企業のかたち、中堅企業研究会レポート２０１４』として取りまとめました。報告書では、社会的な存在意義が大きい中堅企業の経営理念や組織に焦点をあてましたが、本書では具体的な経営活動やビジネスモデルの観点からまとめ直しました。

草稿段階では、吉原英樹先生（神戸大学名誉教授）から貴重な助言を頂戴しました。また本書の出版にあたっては、白桃書房（株）の大矢栄一郎社長に大変お世話になりました。私が研究者になって最初の著作『トップシェア企業の戦略と理念』を世に出して頂いたのも大矢社長です。白桃書房という出版社を抜きにして、私の研究が社会に発信されることはありませんでした。厚く感謝申し上げます。そして4年間にわたる執筆作業を支えてくれた妻、理香に最大の愛を贈ります。

平成31年3月

慶應義塾大学大学院経営管理研究科 教授
磯辺剛彦

目次

第3章　伝統に寄り添う

第4章 地域に寄り添う……141

序章　環境変化は経営の好機

社会貢献と企業利益を両立させる

リクルートの創業者である江副浩正氏は、「自ら機会を創り出し、機会によって自らを変えよ」を社訓としました。この言葉は、「易経」の「窮すればすなわち変じ、変ずればすなわち通ず」を基につくったそうです[1]。道をひらくには、環境変化を機会として捉え、変化に適応することが必要だという意味です。変化を受け入れることで企業は存続できます。

最近の環境変化によって2つの事業機会が出現しました。ひとつは、低価格・低コストという事業機会です。イノベーションの研究で著名なハーバード大学のクレイトン・クリステンセン教授によると、伝統的な優良企業は従来の製品・サービスの機能や品質をより良くすることで成長してきました。ただし、良いものばかりを追い求めてゆくと、ある段階で顧客が求める水準を超えてしまいます。過剰品質・過剰サービスになると、顧客は機能よりも価格やコストに目を向けるようになります。「機能や品質はこのくらいで良いから、もっと安くして欲しい」という要望です。

しかし、伝統的な大企業はこのような低コストへのニーズを過小評価する傾向があります。しかも、低コストの分野に参入した企業の技術力は高くないので、伝統的企業はこれらの新興企業を見下し、本気で対抗することはありません。その後、新興企業は徐々に技術力を高め、大企業の顧客が求める水準を満たすようになります。こうして上位の市場に乗り込んだ新興企業は、大企業の牙城を切り崩すのです。いわゆる「破壊的イノベーション」と呼ばれるものです[2]。最近の日本企業が苦戦しているのが、このタイプの競争です。

環境変化によって現れたもうひとつの事業機会は、社会的課題の解決です。少子高齢化、地域経済の衰退、急速なグローバル化、ライフスタイルの変化によって、たくさんの社会的な問題が現れるようになりました。「外出したいが路線バスがなくなった」「買い物しようにも近くに小売店がない」「食べ物を飲み込むのが難しくなった」という、私たちの身近にある困りごとです。ミッションコア企業は、私たちの暮らしの中での不便や不満を解消する事業を展開しています。

とはいっても、経営戦略論において社会の困りごとの解消と、企業としての適正利益の両立が注目されることはありませんでした。なぜなら、経営戦略論の一般的な教科書では、戦略は次のように定義されているからです。

戦略とは、経営者が自社の経営成果を高めるために採用する一連の活動である。すべての企業にとってではないが、多くの企業にとって競合他社よりも高い成果を達成することが最重要

課題である。企業の戦略が高い経営成果に導いたとき、この企業は競争優位をもつと言われる[3]。

つまり、経営戦略論が定義する企業活動の目的は、利益や株式リターンといった自社の経済的な成果を最大化することにあります。もちろん、経営戦略論は自己にとって都合の良い目的に限定しているのではなく、地域、利害関係者、環境など、社会全体の利益になることも重要な使命とされています。しかし現実には、社会的な貢献は副次的な目的として位置づけられます。

自社の経済的成果を最優先する理由のひとつは、伝統的な経営戦略論が経済学を理論背景にしていることにあります。経済学では、「もっともコストが小さい選択肢はどれか」「もっとも効率的なのはどれか」という損得勘定が意思決定の基準になります。そこでは、社会や人の幸せといった数値化できないものは排除されます。経営戦略論が社会的な側面に目を向けないもう一つの理由は、社会的な活動と経済成果の因果関係を説明する理論やフレームワークがないことです。ミッションコア企業の経営論を構築するには、社会の幸せが会社の利益に結び付くという因果関係を見つける必要があるのです。

ミッションコアとCSVの違い

ミッションコア企業の経営とよく似た概念として、マイケル・ポーターとマーク・クラマーによって提唱された「共通価値の創造」があります[4]。共通価値の創造とは「creating shared value」を訳したもので、頭文字を取って「CSV戦略」と呼ばれることもあります。

共通価値とは、「企業が事業を営む地域社会の経済条件や社会状況を改善しながら、みずからの競争力を高める方針とその実行」と定義されています。これだけをみると、ミッションコアの経営とCSVは同じような概念に思えます。

しかし、CSVの本質は、企業利益に結び付く社会的な活動や貢献の選択にあるので、自社の経済的価値に結び付かない社会的な取り組みを排除します。ポーターの論文では、「共通価値の創造は、けっしてフィランソロピーではなく、社会的価値を創造することで、経済的価値も創造するという自己的な行為である。あらゆる企業がそれぞれにその事業に密接に関係する事業を追求すれば、社会全体にかなうことだろう」と書かれています。CSVでの社会的価値は経済的価値を大きくする手段であって、社会的課題の解決を目的としたものではありません。そのように捉えると、CSVはこれまでの経営戦略論のパラダイムに取って代わる概念というより、伝統的な戦略論と本質的に同じものだと言えます[5]。

それに加えて、CSVの論文では、社会的価値と経済的価値のトレードオフを解決する方法やガイドラインが明らかにされていません。企業がより良い社会の一員として活動することで自社の利益を大きくするためには、独創的なビジネスモデルが必要になります。しかし、CSVには「地球環境の汚染を解決する社会的な要請が大きくなっている」「低所得で貧しい消費者の役に立つ製品の需要が増えている」などの事業機会は紹介されていますが、「それをどのように事業展開するのか」という具体的な方法については明らかにしていません。しかも事業機会の範囲が地球的な規模なので、暗黙的にCSVの概念やフレームワークは大企業を対象としたものになります。

それに対して、ミッションコア企業の経営は社会的価値の提供が企業の最優先目標であって、企業としての利益や成長は結果だと定義されます。この考え方は、日本の伝統的な経営哲学である近江商人の「三方よし」、自分よりも他人の利益を優先する「利他の精神」、すべての関係者で利益を分かち合う「互恵の精神」などに通じるものがあります。ミッションコア経営の本質は、事業活動に関わるすべての人や社会にとっての価値を大きくすること、その結果として適正な企業利益を確保することなのです。

ミッションコアの経営は、「日本資本主義の父」といわれる渋沢栄一の理念にも通じます。渋沢思想の基盤ともいえる「道徳経済合一」では、社会的な利益を追求する「道徳」と企業としての利益を追求する「経済」を一致させることが、企業本来の目的だと説きます。ただし、それは道徳と利益のバランスをとるという単純なものではありません。企業本来の目的は利益を追求することですが、その根底に道徳心がなければ企業の繁栄はありません。それとは反対に、「社会のため」という道徳心だけでも企業は永続できません。そこには、「ひいては自分のため」という利益や成長への執着心やライバルへの競争心が備わっていることが必要です。

このように、日本の伝統的な経営哲学と、経済学を背景とした米国流の経営戦略の思想はまったく違うのです。経営活動の背景となる理論や哲学が異なれば、経営のフレームワークや意思決定の判断基準も異なったものになります。たとえば、社会学の中に新制度派理論という分野があり、その中核的な概念に「正当性」と呼ばれるものがあります。正当性とは、「規範、価値、信念、定義の社会的に構造化されたシステムにおいて、主体の活動が好ましく、適切で、適当であるという一般化された知覚や仮定」と定義されます[6]。簡単に言えば、企業が存続するためには、その経営手法や活動内容が、その社会の規範や価値観からみて適切、適正であるべきというものです。企業は社会から正当性の評価を得ることによって存続できるので、必然的に正当性の獲得は利益の獲得よりも上位の行動指針となります[7]。

企業経営における日本の特徴のひとつに、老舗と呼ばれる企業が世界に類をみないくらいに多いことがあげられます。東京商工リサーチの全国「老舗企業」調査によると、2017年に創業100年以上となる老舗企業は3万社を超えます。世界の老舗企業の半分以上は日本企業とも言われているそうです。老舗の特徴として、「もっとも大事な資産はのれん」「成長を志向しない」「従業員は家族と考える」「利益よりも信頼を大事にする」などがあり、経済的な成果よりも信用や評判といった社会的な価値を優先します。このような老舗の経営哲学は日本特有のもので、海外では一般的ではありません。このように、国や地域の価値観や社会構造が異なれば、そこでの経営のやり方は、その場所において適正とされるものでなければ機能しないのです。

その国の経営のあり方は、昔から培ってきた価値観や文化に大きく影響されます[8]。これまでにも、成果主義や実力主義が日本に馴染まないことが報告されていますが、文化や価値観が違えば、そこでの適正な経営哲学や経営手法も違ったものになります。

型破りの経営

ミッションコア企業の「世のため人のため、ひいては自分のため」の経営を成立させるには、これまでの経営上の慣習や常識を見直す必要があります。

中堅企業研究会でご一緒した出口治明氏によると、「若い世代の保険料を半分にして、安心して子どもを産み育てることができる社会をつくりたい」というのが、ライフネット生命保険(株)を創業した動機だそうです。

生命保険がいちばん必要なのは、子供の養育費や教育費がかかる20代から40代にかけての子育て世代です。本来、生命保険はごく普通の人のためのものですが、今の生命保険の保険料は高すぎます。高度成長期の仕組みがそのまま温存されているので、今の低成長の時代にそぐわなくなっています(**出口治明氏**)。

ライフネット生命のビジネスモデルは、従来の生命保険会社のやり方からみれば型破りなものです。一般的な生命保険では生保レディによる訪問型のチャネルが主流ですが、ライフネット生命には営業機能がありません。顧客自身がパソコンやスマホから同社のホームページにアクセスして、情報を入力することで安価な保険料でのサービスの提供を可能にしています。同業者や専門家からは、「インターネットで生命保険を購入する人はいない」と言われたそうですが、今では10社近くがネットで生命保険商品を販売しています。

過疎高齢化が進む鹿児島県阿久根市で大型小売店「A-Zあくね」を展開する（株）マキオの取り組みも、従来のスーパーのやり方とはまったく違っています。同社は、「人口減少に直面する地方で、何でも揃っていて、いつでも買えるスーパー」を事業として成立させる仕組みを生み出しています。

道路や水道、電気、ガスのようなインフラと同じように、小売業という立場から地域の生活者の生活のお手伝いをしようと決めました。そのとき、私は小売業を天職だと思うようにしました。そうすると、私が理想とする小売店のかたちも、これまでの小売店の常識とは違ったものになりました（牧尾英二社長）。

A-Zあくねは、東京ドーム3・5個分の敷地に50万アイテム以上の商品を取りそろえています。同社の経営理念は、「私たちは、常に時代の変化に対応し挑戦します。そして地域の皆様へ喜ばれるサービスを提供し続けます」というものです。そしてこの理念は、「小売業という立場から住民の日々の生活のお手伝いをすること」へと翻訳されます。

経営理念を実現するため、国内最多の品ぞろえ、年中無休24時間営業、広告チラシの排除、送迎バスの運行、自動車販売など、既存の小売業のやり方とはまったく違ったビジネスモデルを開発しました[9]。「データ分析よりも売り場担当者の五感を優先する」「バイヤーは不要」「会議はしない」など、とてもユニークな経営方針を貫いています。開店当初、同業者や関係者から「A-Zはスーパーとは呼べない」「あんなやり方でやっていけるはずがない」と言われたそうです。実際、金融機関から融資を断られ、小売り経験者がいない素人集団での船出になりましたが、今では自動車を年間8000台売り上げ、年商は250億円を超えています。

主役は地方の中堅企業

興味深いことに、ミッションコア企業の多くが地方を拠点にした中堅企業です。日本経済における中堅企業の存在感や役割は、私たちが想像する以上に大きいのです。日経リサーチ・GEキャピタルの調査によると、中堅企業が日本の全企業数に占める割合はわずか2%ですが、総従業員数に占める割合は19%、総売上高に占める割合は38%にもなります[10]。エコノミスト・インテリジェンス・ユニットの調査では、それぞれ2・1%、25・3%、31・7%であることが報告されています[11]。つまり、中堅企業を抜きに日本経済を語ることはできません。

中堅企業は、とくに地方経済で重要な役割を担っています。常用雇用者数が100人以上1000人以下の企業を中堅企業としたとき、「東京」に本社を置く割合は22・7%ですが、大企業（常用雇用者数が5000人以上の企業）は54・3%にもなります[12]。荒っぽい言い方ですが、地方では中堅企業の地位は大企業よりも重要なのです。

本書で取り上げたミッションコア企業は、アメリカン・エクスプレスの調査と同じように、年間売上高が5億円から250億円の規模でした[13]。ミッションコア企業には「組織経営による単一事業」という特徴があります。個人的な経験則ですが、個人経営や家族経営から組織経営に移行するのが年商5億円程度。そして単一事業から多角化事業へ拡大するのが年商250億円程度でした。つまり、年商5億円から250億円が、ミッションコア企業の量的な定義になります。

ピーター・ドラッカーによると、中堅企業は多くの点で理想的な規模だそうです[14]。たとえば、社内の誰もがお互いを知っているので簡単に協力ができ、特別に努力しなくてもチームワークが自然に生まれます。それに加えて、中堅企業のほとんどの社員が自分の仕事が何であり、期待されている貢献が何であるかを知っています。このようなドラッカーの指摘は、中堅企業研究会の報告書『強い中堅企業のかたち』の調査結果と共通します。

企業の規模は経営課題と密接に関係します。中小企業は、経営者自ら製品やサービスを企画・開発して自ら売り込む、いわゆる個人事業主のような特徴をもっています。これが中堅企業の規模になると、組織による経営管理へと変わります。しかし大企業の規模になると、傘下に複数の事業を抱えるために中堅企業よりも組織運営が複雑になります。さらに大企業では、ガバナンス、コンプライアンス、コントロールなどの組織的な課題が大きくなります。大企業に特有の問題について、化学者、登山家、第一次南極観測越冬隊長として知られる西堀榮三郎氏は次のように指摘しています。

気をつけなくてはならないことは、組織なり集団が大きくなればなるほど、往々にして目的を明確に打ち出すことをしなくなるというか、企業の存在自体が当然のように考えられはじめることである[15]。

組織の存続が最優先の企業目的になれば、企業の存在意義はどこかに追いやられてしまいます。企業は常に組織の目的や創業の精神に立ち返り、何のために組織が存在するのかを問い直さなければなりません。そして、それがもっとも効果的、効率的に実践できる規模が中堅なのです。

本書の構成

本書は、ミッションコア企業を「食と農に寄り添う企業」「心と体の健康に寄り添う企業」「伝統に寄り添う企業」「地域に寄り添う企業」に分けています。

第1章の「食と農に寄り添う」では、サラダコスモ（もやし）、あいや（抹茶）、みずほの村市場（農産物直売所）、永井酒造（清酒）、おとうふ工房いしかわ（豆腐）を取り上げます。主なテーマは農業の産業化です。

第2章の「体と心の健康に寄り添う」では、ウェルビーフードシステム（介護ソフト食）、マツ六のファーストリフォーム事業（介護リフォーム）、オーエックスエンジニアリング（車いす）、山本光学（眼鏡）、スノーピーク（オートキャンプ）を取り上げ、イノベーションの本質である新市場の創造について考えます。

第3章の「伝統に寄り添う」では、坂本乙造商店（会津塗）、カイハラ（デニム）、白鳳堂（化粧筆）、長谷製陶（伊賀焼）、天池合繊（アパレル）を取り上げ、伝統産業や特産品を工業製品にする方法を考えます。

第4章の「地域に寄り添う」では、イーグルバス（路線バス事業）、中央タクシー（タクシー事業）マキオ（小売スーパー）を取り上げ、本業を軸にした地域のインフラづくりを考えます。

各事例は経営者のインタビューを中心に構成しており、経営者が話された箇所は太文字で表記しています。また本書で使用している写真は、取材した企業から提供していただいたものです。なお、各社の重要な取り組みは「ポイント」として見出しにしています。私は、このポイントこそがミッションコア経営の教訓や仮説だと考え、読者皆様の参考になるものと確信しています。

［注］

1　江副浩正『かもめが翔んだ日』朝日新聞社、2003年。

2　クレイトン・クリステンセン『イノベーションのジレンマ：技術革新が巨大企業を滅ぼすとき［増補改訂版］』翔泳社、2001年。

3　Hill, C. W. L. & Jones, G. R. (2012) *Strategic Management: An Integrated Approach*. South-Western Pub.

4　マイケル・E・ポーター&マーク・R・クラマー「共通価値の戦略：経済的価値と社会的価値を同時実現する」『DIAMONDハーバード・ビジネス・レビュー』、2011年6月。

5　Crane, A., Palazzo, G., Spence, L. J. & Matten, D. (2014) Contesting the Value of "Creating Shared Value". *California Management Review* 56(2), 130-153.

6　Suchman, M. C. (1995) Managing legitimacy: strategic and institutional approaches. *Academy of Management Review* 20(3), 571-610.

7　磯辺剛彦、牧野成史、クリスティーヌ・チャン『国境と企業：制度とグローバル戦略の実証分析』東洋経済新報社、2010年。

8　中根千枝『タテ社会の人間関係：単一社会の理論』講談社現代新書、1967年。

9　ビジネスモデルとは、「どうすれば会社がうまくいくかを語る筋書き」と定義される。ジョアン・マグレッタ「ビジネスモデルの正しい定義：コンセプトのあいまいさが失敗を招く」『DIAMONDハーバード・ビジネス・レビュー』、2002年8月。

10　日経リサーチ・GEキャピタル「中堅企業調査」2014年。中堅企業を年商10億円から1000億円と定義している。

11　エコノミスト・インテリジェンス・ユニット「日本の中堅企業調査」2013年。中堅企業の規模は、日経リサーチ・GEキャピタルの調査と同じ。

12　「平成24年経済サイエンス」総務省統計局。

13　アメリカン・エクスプレス・インターナショナル「中堅企業調査レポート」2017年。

14　ピーター・F・ドラッカー著、上田惇生訳『[エッセンシャル版]マネジメント』ダイヤモンド社、2001年。

15　西堀榮三郎『ものづくり道』ワック、2004年。

（情報はインタビュー時のもの）

●創　業	●事業内容	●インタビュー年月
2007年	耕作放棄地の再生及び収益化事業	2009年6月
1980年	野菜づくり農業・教育型観光生産施設「ちこり村」の運営	2018年4月
1888年	抹茶をはじめとする茶類の製造・卸販売	2016年2月
1990年	農産物・農産物加工品・花・園芸資材の販売	2014年8月
1886年	清酒の製造・販売	2017年4月
1991年	豆腐・豆乳・菓子・パンなど、外食事業	2018年3月
1964年	畜肉生産・食肉加工・販売・外食	2012年5月
1923年	計測機器などの製造・販売	2014年6月
1982年	福祉・医療・学校給食、社員食堂の運営委託	2017年4月
1921年	住宅資材等、新築・増改築市場への販売	2016年7月
1988年	車いすの開発・販売	2017年10月
1911年	スポーツ用眼鏡・産業用保護具の製造・販売	2014年7月
1958年	アウトドア用品等の製造・販売	2015年6月
1948年	パンの製造販売	2011年2月
1852年	南部鉄器の製造販売	2014年5月
1900年	漆の精製・加工・販売	2016年6月
1893年	デニム素材の一貫生産・販売	2016年8月
1974年	化粧筆・書道筆・面相筆・画筆等の製造販売	2017年6月
1832年	陶器の製造販売・外食等	2013年8月
1956年	織物製造（請負委託加工）・天女の羽衣（生地）	2017年7月
1955年	外装壁・床タイル、特殊用途タイルの製造販売	2014年6月
1689年	八ツ橋の製造・販売	2016年10月
1980年	一般乗合・一般貸切旅客自動車運送事業	2011年6月
1975年	一般乗用旅客自動車運送事業・観光業	2013年10月
1981年	小売店（A-Z店舗）	2017年6月
1948年	金属線製品製造販売	2016年5月
1974年	工業用ナットの製造販売	2002年8月
1935年	機械工業及び鋼構造物用ねじ製品の製造販売	1996年12月
1958年	寒天、ゲル化剤などの製造・販売	2004年6月
1933年	和洋菓子の製造・販売、美術館等の運営	2008年9月
1972年	そうざいの製造及び販売	2005年4月

本書で取りあげた企業の概要

●社　名	●本　社	●代表者
(株) マイファーム	京都市	西辻一真
(株) サラダコスモ	岐阜県中津川市	中田智洋
(株) あいや	愛知県西尾市	杉田芳男
(株) 農業法人みずほ	茨城県つくば市	長谷川久夫
永井酒造 (株)	群馬県川場村	永井則吉
(株) おとうふ工房いしかわ	愛知県高浜市	石川　伸
(株) 平田牧場	山形県酒田市	新田嘉七
(株) タニタ	東京都板橋区	谷田千里
(株) ウェルビーフードシステム	静岡市	古谷博義
マツ六 (株)	大阪市	松本　將
(株) オーエックスエンジニアリング	千葉市	石井勝之
山本光学 (株)	東大阪市	山本直之
(株) スノーピーク	新潟県三条市	山井　太
(株) アンデルセン・パン生活文化研究所	広島市	吉田正子
及源鋳造 (株)	岩手県奥州市	及川久仁子
(株) 坂本乙造商店	福島県会津若松市	坂本朝夫
カイハラ (株)	広島県福山市	貝原良治
(株) 白鳳堂	広島県熊野町	髙本和男
長谷製陶 (株)	三重県伊賀市	長谷康弘
天池合織 (株)	石川県七尾市	天池源受
(株) アカイタイル	愛知県常滑市	赤井祐仁
(株) 聖護院八ッ橋総本店	京都市	鈴鹿且久
イーグルバス (株)	埼玉県川越市	谷島　賢
中央タクシー (株)	長野市	宇都宮司
(株) マキオ	鹿児島県阿久根市	牧尾英二
日本化線 (株)	東大阪市	笠野輝男
ハードロック工業 (株)	東大阪市	若林克彦
(株) 竹中製作所	東大阪市	竹中弘忠
伊那食品工業 (株)	長野県伊那市	塚越　寛
六花亭製菓 (株)	北海道帯広市	小田　豊
(株) ロック・フィールド	神戸市	岩田弘三

第1章

食と農に寄り添う

本章で取り上げるミッションコア企業は、日本農業の構造的な問題に取り組み、その解決を使命にしている。

西辻一真氏が2007年に創業した（株）マイファームは、自分でつくって自分で食べる「自産自消の社会をつくること」を事業のテーマにしている。マイファームの掲げる「自産自消」について西辻氏は次のように説明する。

自産自消を一言でいえば、「自分でつくって自分で食べる」という意味になります。しかし、われわれの自産自消という言葉は、それ以上の意味を持っています。マイファームが考える自産自消とは、結果ではなく過程です。人が自然に近づくことで得られる「気づき」を提供したいという気持ちを込めています。たとえば、体験農園で畑を耕し、種を植え、収穫し、食べる。これが自産自消の過程です。この過程の中で色んなことに気づくことができます。野菜づくりの楽しさや大変さ、ときには食への感謝や人生の再認識といった気づきもあります。このような気づきは、人や自然を豊かなものにします。

マイファームが描く自産自消を実現するのが、体験農園を起点としたユニークなビジネスモデルである。その前提にあるのが、「農業総生産＝生産性×就農人口」という計算式である。農業を成長産業にするには、生産性や効率性を高めるか、農業に従事する人数を増やすか、あるいはその両方が必要だが、日本は米国や豪州のような規模の経済による生産性の向上は難しい。そこで結局、就農人口を増やすしか方法はないが、農業が楽しいものでないと長続きしない。そこで

アグリイノベーション
大学校

体験農園

マイファーマー

マイファームは、農業を仕事としてではなく、楽しさを経験できる「体験農園」での野菜づくりを入り口にした。そして、もっと農業のことを学びたい人を支援する「アグリイノベーション大学校」、生産と消費をつなげる流通や販売を担当する「マイファーマー」という出口を準備した。この自産自消のモデルを循環させることによって、就農人口を増やし、耕作放棄地の増加に歯止めをかけようとするのが、マイファームが目指す新しい農業のかたちである。

1

仏教の思想で「もやし」を130億円売る

(株)サラダコスモ ［岐阜県中津川市］

サラダコスモは、スーパーの特売品にもなる「もやし」を事業の柱とする。その年商は130億円を超え、38期黒字を続けている。中田智洋社長は仏教の教えを経営の核にして、社会貢献と企業としての利益の両立を成し遂げている。地元中津川にオープンした教育観光型施設「ちこり村」には、年間30万人以上の客が訪れる。

Point

事業の起点は「何をすべきか」

もともと中田氏の実家はラムネを製造販売していて、今の主力商品であるもやしは、冬場の副業として細々と営んでいた。中田氏は大学を卒業して家業に戻り家業を継いだ。「やるからには人の役に立つものを」と思い、「もやしは漂白して売るもの」という常識を破り、業界初の無農薬、無漂白のもやしの生産に専念しようと決めた。30歳のときだった。

「技術的にできるか」よりも「自分は何をすべきか」という問いから始めました。そもそも身体に良いもやしにこだわったのは、大学の仏教学で人や家族の幸せについて学んだからです。自分が幸せになるには、まず周囲の人を幸せにしなければならないという教えです。いわば、母が子を想うようなことです。それをもやしに置き換えて、「役に立つもやしとは何か」を考えました（中田智洋社長）。

もちろん無漂白だけが消費者のメリットではないが、中田氏は添加物や保存料など、健康に良くないものは使わないことにこだわった。見た目が綺麗とか長持ちすることも消費者や小売りにとって大切なことだが、「自分の仕事に照らし合わせると、社会にどのような貢献ができるのか」という信念を事業の起点にした。

まったく売れませんでした。その頃は生産者も消費者も有機とか無農薬という意識は薄く、漂白剤で白くして売るのが常識でした。無漂白で保存料を使用しないもやしは傷みやすく、短時間で茶色く変色します。「お宅の商品は傷んでいる」とクレームを受けたこともありました。そんなとき、日本でいち早く食の安心や安全を重視していた生活協同組合が、私たちのもやしを高く評価してくださいました。生協との取引が始まると、他からの引き合いも増えました。

今日まで安心な野菜にこだわり続けることができたのは、生協が私たちの理念と実践を評価してくれたからです。

サラダコスモは「無漂白のもやし」という商品の常識だけでなく、物流システムでも常識を覆した。サラダコスモの商品は問屋や卸を経由しないので、その日に出荷した新鮮な野菜がその日のうちに売り場に並ぶ。それを可能にしたのが独自の物流システムである。

従来、もやしの商圏は半径30キロというのが業界の常識でした。工場から30キロ以上まで配送すると品質は劣化し、安いもやしでは割が合わないと言われていました。でも私は「それって本当だろうか」と、確かめてみたくなりました。その頃には保冷トラックもありましたし、高速道路網の整備も進んでいました。そこで、新規に工場を建てるコストと、保冷車を購入して高速料金を支払って商品を運ぶコストを比較しました。すると、300キロ先までは届けた方が安いことが分かりました。

それに加えて、高い付加価値の商品を開発することで、価格競争に巻き込まれないようにしている。消費者のライフスタイルの変化に合わせて、機能性食品、オーガニック、便利さを提供するカット野菜などの開発に力を入れている。

Point 究極の経営資源はご縁や出会い

生協以外にも、サラダコスモの成長に大きく影響する出会いがあった。無農薬のもやしに注文が殺到するようになり、生産が追いつかない状況になった。もやしの生産量は工場の生産能力で決まるため、急増する引き合いに応えるには工場を新設するしかなかったが、そのための投資の見積もりは30億円にもなった。当時、10億円の借り入れを抱える年商11億円の会社に30億円を融資してくれる銀行はなかった。

そんなとき、セミナーに参加するため名古屋に行く機会がありました。地下鉄の出口を間違え、日本興業銀行の建物に出てしまいました。銀行なので融資の資料をもらおうと、セミナーの休憩中に立ち寄ったんです。窓口付近をウロウロしていますと、不審者に思われたようで守衛室に連れて行かれました。融資の資料を探していたことを伝えると、守衛さんから連絡を受けた若い営業担当者が対応してくれました。この方がとても誠実に私の話を聞いてくれて、「お話の内容は分かりました。ついては、直近3期の決算書を見せてください」と言われました。郵送でもいいと言われましたが、翌日もセミナーに出席する予定でしたし、切手代がもったいなかったので持参しました。

それから一週間後にその方が工場を見に来てくれて、3カ月後には無担保での融資が決まりました。後になって融資してくれた理由を聞くと、「中田さんは夢が語れて、そろばんをはじくことができる経営者だから」と言ってくださいました。この銀行（現、みずほ銀行）とは今でもお付き合いいただいています。

残念なことに、その方は35歳の若さで亡くなられました。葬儀に出席したとき、「この人は何のために生まれてきたのか。私を助けるために生まれてきたんじゃないのか」と思ったんです。そうだとすれば、私は自分の金儲けのために商売をしてはいけないと思いました。「この人が生きていたら、こんな生き方をしただろう」ということを、私が実践しようと決めました。

商売で儲けることは絶対です。いくら社会のためになっても人格者であっても、赤字では話になりません。でも、経営を成り立たせることは大前提ですが、そこに「人としてどう生きるか」というスケールで捉えないと、結局は失敗します。会社の利益と善悪を両立させることが、彼から引き継いだ遺言です。

Point 逆境をバネに組織をまとめる

サラダコスモにとって最大の経営危機は、1996年に起きた大腸菌O－157による食中毒事件だった。カイワレ大根が感染源と報道され、一気に風評被害が広がった。85年から無農薬のカイワレ大根の生産を始めていたが、この事件でカイワレ大根の注文がストップして売上は2割ほど落ちた。それでも、中田氏は一人も解雇せず、給与もカットしないと宣言した。

会社全体では黒字で内部留保もありました。考えてみれば、蓄えた資産はみんなで頑張ってきた証しです。私一人が頑張ったわけではありません。蓄えが底をつくまで誰も辞めさせないと覚悟しました。そのような状況のなかで、仕事がなくなったカイワレ担当の社員たちは、東京や大阪へ行って試食会や営業をしてくれました。早朝3時、4時に出かけて深夜に戻ります。

しかも彼らは、移動時間を残業として申請していませんでした。当時、もやしとカイワレの2本立てだったので、この逆風をきっかけに新商品の開発に取り組みました。そして何よりも、全員で会社の危機を乗り越えたという意識を共有できたことが大切な資産になりました。

Point

人は食べものより理念に感動する

２００６年に教育型観光施設「ちこり村」がオープンした。中田氏が欧州の農業や生産施設を視察したとき、高級野菜として人気が高い「チコリ」に出会い、国産化に取り組んだ。施設のテーマは「うれしい、楽しい、役に立つ」。これは来てくださったお客様だけでなく、働く人も対象にしている。この施設では、レストランで地元農家の家庭料理を楽しんだり、生産施設を見学したりできる。

ちこり村には４つの目的があります。一番は日本の食料自給率の向上に貢献することです。日本は欧州原産のチコリを１００％輸入していましたが、これを国産化することに成功しました。二番目は耕作放棄地の活用です。チコリを生産するには、畑で元になる芋をつくる必要があります。この辺りは放棄農地になっていましたが、有効利用できるようになりました。三番目は高齢者に活躍の場を提供することです。ここで働いている人の7割が60歳以上です。四番目は田舎を元気にすることです。ちこり村を観光名所にして多くの方に立ち寄ってもらうことで、この街を活性化したいと思っています。

ちこり村の売上や来場者は年々増加している。今では年商10億円を超え、入場者数は年間30万人を超える。週末には大型バスがやってきて、農家の家庭料理レストラン「バーバーズダイニング」には行列ができる。

この経験から、素人でも一生懸命やれば何とかやれることを学びました。私は野菜の生産者なので運営のノウハウはありません。すべて我流です。もし上手くやれているとすれば、仏教の思想でそろばんをはじいているのだと思います。私は農家の生まれですが、高校で商業を学び、大学で仏教に出会いました。生産者であり、商売人であり、仏教思想家である人間が野菜をつくっています。

しかし、そこに至るまで、常に「お客様は何に感動してくださるのか」を考えていました。お客様の役に立つというのは、食事や買い物をする場所をつくることではありません。真にお役に立つこととは、お客様の魂を感動させることです。もちろん、そんなことを私ができるはずはありません。実は、ちこり村をつくった真の目的は、この場所を地元にゆかりのある人物で、江戸後期の儒教家である佐藤一斎の伝承館にすることでした。

この佐藤一斎は昌平坂学問所の儒官として、佐久間象山や渡辺崋山など、幕末から明治への激動期の指導者に多大な影響を与えた。一斎は「指導者のための聖書」と呼ばれる『言志四録《げんししろく》』という随筆集を書いた。この書物は、2018年のNHK大河ドラマ『西郷どん』で再び注目されるようになった西郷隆盛の愛読書としても知られている。

サラダコスモの商品

ちこり村の外観

バーバーズダイニングの料理

2
日本の抹茶を世界の「MATCHA」にする
(株)あいや〔愛知県西尾市〕

抹茶のトップメーカーである「あいや」は、全国出荷量の約45%を誇る。早くから食品分野に進出し、同社売上の95%を食品加工用が占める。杉田芳男会長は、抹茶の原料となる碾茶《てんちゃ》生産者との共同研究、栽培管理、石臼挽き加工、製造管理、品質管理など、一貫した生産体制を確立した。今では日本のお茶文化を世界の「MATCHA」にするため、米国や欧州を中心に、現在はアジア各国へ販路を広げている。

Point

お茶をマーケティングする

西尾市は日本有数の抹茶生産地である。その要因として、尾張地方は経済や文化の水準が高く、お茶をたしなむ環境があったこと。西尾市は矢作川の三角州に位置し、温暖で肥沃な大地に恵まれていたこと。そして、抹茶づくりに欠かせない茶臼に最適な石材が、隣の岡崎市で産出されていたことがあった。しかし、いくら高品質の抹茶をつくっても、世間の評価は「抹茶といえば京都宇治」だった。

抹茶には宇治茶という金看板がありました。抹茶はいわゆるお茶屋さんが販売していますが、

知名度に勝る宇治茶と同じマーケット、同じ土俵では、西尾の抹茶に勝ち目はありません（杉田芳男会長）。

良質な抹茶を安定供給できる中で、どのように市場を切り拓けばよいかを模索した。先見の明をもった先代が「食品加工に抹茶が使えないか」と考え、食品業に足を踏み入れた。今でこそ多くの食品会社が抹茶を使っているが、当時は、そのような発想に耳を傾ける食品会社はなかった。

古くから羊かんやそばといった和物の食材に抹茶は使われていたのですが、洋物への用途はありませんでした。それが昭和40年代の半ば、ミルクと抹茶味の相性が良いことが分かると、大手製菓会社との共同開発が始まりました。それがきっかけとなって商品化が進み、抹茶の販売チャネルは一変しました。

顧客である食品メーカーの商品特性に合った抹茶を開発して提案営業を行った。幸いなことに、西尾の抹茶は加工食品との相性がとても良かった。どのような食品に使っても渋味がなく、抹茶特有の新鮮な色合いを出すことができた。しかも、宇治茶と比べて広い農村地域で栽培されていたので、コストパフォーマンスが高かった。

抹茶を食品と合わせるには、大きく3つのパターンがあります。茶そばのように常温で甘くないものには、控えめでマイルドな味の抹茶が適しています。一方、キャンディなどの常温で甘いものには、パンチ力のある抹茶が適しています。ところが、アイスクリームのように冷た

くて甘いものには、もっとパンチ力のある抹茶でないとおいしいと感じません。抹茶の上品な渋味は、ミルク味やバニラ風味にとても合います。

Point

お茶を食品加工品にする

食品加工に進出したが、製茶現場での品質管理や衛生管理は、顧客である食品会社が求める水準を満たしていなかった。工場に案内した食品会社の担当者から、「こんな不衛生な現場で抹茶をつくっているのですか?」とあきれ顔で言われたこともあった。当時のお茶製造の業界には、工場に入るときに靴を履き替えたり、作業服を着たり、手袋やマスクをつけるという最低限のルールさえなかった。そのときの悔しい思いをバネに、製造現場の見直しに取り組んだ。

食品会社との取引では厳格な生産管理や品質管理が求められ、安心、安全、安定が取引の前提条件だった。杉田氏は、抹茶の品質向上に力を注ぎ、品質管理部を設置して科学的な分析体制を整備した。さらに、業界初の滅菌製造ラインを稼働させ、衛生管理を徹底させた。同時に、商品情報を開示した。抹茶でもっとも大切とされる色や香りは湿気の影響を受けやすいため、大量生産の菓子にも使えるように、抹茶の湿度を安定させる技術を開発した。

社員には、当社は「お茶の会社」ではなく、「抹茶を扱う食品会社」だという意識を持たせました。抹茶の品質評価を科学的に分析して、お客様からの要求事項を網羅した独自の製品規格書を提供することで、食品業界の中で少しずつ信頼を得ることができました。

あいやの外観

石挽の製造ライン

同社は抹茶生産の茶臼に岡崎産の花崗岩を使っている。工場では１０００台余りの茶臼が稼働している。１台の茶臼が1時間に生産できる抹茶はわずか40グラムで、手のひら1杯分にすぎない。抹茶は2ミクロンから10ミクロンの微粒子なので、抹茶製造は温度や湿度が一定に保たれた最適条件下で行なう。茶臼で碾《ひ》くことで、抹茶本来の持ち味である味・色調・香りを損ねず、風味豊かな抹茶が生まれる。そしてこの生産のノウハウが同社の強みになっている。

抹茶のつくり方は昔から変わっていません。茶臼を管理、補正するのが目立て職人といわれる技術集団です。当社にとって茶臼は生命線です。現在、5人の目立て職人が、日々職人技で茶臼の管理や補正を行なっています。

Point

抹茶を忘れず、抹茶から離れる

80年代から海外にも販路を広げようとしたが、予想外のトラブルに遭遇した。杉田氏が抹茶を売り込むために米国へ渡航したとき、通関手続で足止めされたのだ。抹茶はお茶の粉末なので、通関の書類にグリーンティー・パウダーと記載した。ところが、パウダーは税関職員に危険な薬物の隠語を連想させたようで、誤解を解くのに大変苦労したそうだ。この苦い経験から、抹茶を「MATCHA」として売り出すことに決めたという。

一からMATCHAを知らしめていくしかありませんでした。とにかくできる限り海外の食品展示会に参加し、出展して、これがMATCHAだと。いわゆる「飲ませ、食わせ」を展開しま

した。でも、当初は魚臭いとか青臭いと敬遠され、なかなか上手くいきませんでした。

それから7、8年が経ち、米国のジュース専門店からカイワレ大根や抹茶とミルクをミックスした100%ナチュラル・ジュースに採用された。欧州への進出のときにも同じような展開を行なったが、抹茶が受け入れられるまでに10年の歳月を要した。

あいやでは、「抹茶を忘れず、抹茶から離れる」を合言葉に事業を展開している。

抹茶の持つ伝統を忘れてはいけません。当社で変えてはいけない伝統は、茶臼碾きという抹茶の製法です。しかし、どこで、誰に、どのように抹茶を売るかということは、それまでの概念に捉われずに挑み続けています。トップランナーは止まったら終わりです。常に次なる一手を考えて走り続けなければいけません。今では出荷の45%が海外向けです。欧州や北米、中国、アジアに対して、それぞれどういう抹茶が合うのかを社内で考える。そうすると市場が拓けるのです。

3 割高でも客が殺到する農産物直売所 (株)農業法人みずほ ［茨城県つくば市］

農業法人みずほが運営する「みずほの村市場」(これ以降、みずほ)には、高品質の農産物を求めて年間30万人もの買い物客が押し寄せる。週末には駐車場に車が入りきらないくらいの盛況ぶりである。創業者で社長の長谷川久夫氏は、多くの直売所が低価格競争に陥っていることに警鐘を鳴らし、品質による競争や経営指導を通じて農家の自立を支援している。みずほへの出品者の平均売上高は850万円にもなり、2000万円以上売る農家もいる。

Point 生産者を農業経営者にする

「直売所は、プロの農業経営者が農産物の品質を競う場である」
「直売所は、再生産できる価格で商品を販売する舞台である」
「直売所は、本物を求めるお客さんと出会い、交流する場である」

これが、みずほの経営理念である。長谷川氏がみずほを立ち上げたのは1990年、たった8戸の農家がつくる野菜からスタートした。始めたときは上手くいくかどうかなど考えもしなかったそうだ。「農家が値段をつけて売る」という仕組みを成功させなければ、日本の農業は成り立たなくなるという危機感が起業を決意させた。

農業や漁業には価格の決定権がありません。第一次産業と呼ばれていますが、産業にはなっていません。産業というのは、作り手が値段を決める権利を持つものです。そして、その商品は社会的責任を負います。なおかつ、ルールのある競争をして、働ける場となるのが産業です（長谷川久夫社長）。

長谷川氏は、日本の農家のほとんどが「農業生産者」だという。農業生産者は、農作業ができても経営はできない。農協からつくれと言われたものを、決められた方法でつくっているだけ。このような農業生産者は、自分がつくった野菜にかかったコストを知らないので、いくらで売ればよいのか分からない。それに対して、みずほに野菜を出荷している農家は「農業経営者」だという。

農業経営者は、生産計画や販売計画などの数字を自分でつかんでいます。常に消費者に良い商品を提供することを考え、野菜や米の付加価値を高くする技術やノウハウを持っています。しかも、トマト1個の価値とコストを知っています。だから自分が出荷するトマトに自信を持って高い値段をつけることができるのです。

Point　農家に競争意識をもたせる

みずほと契約した生産者は「みずほ農業経営者会」の会員になる。この会では、全生産者の生産・出荷・販売計画が決定され、生産者はその計画に基づいて生産・出荷する。

みずほを設立するまで、作付け計画や出荷計画を立てるという感覚が農家にはありませんでした。工業製品では生産計画を立て、生産量や出荷量を調整するのは当たり前のことです。農業でも作付けや出荷についての計画を立てるのは当然です。むしろ、自然を相手に野菜や米を育てるわけだから、植え付けの時期や収穫の時期をよく考えておかないと失敗します。ところ

が、農家は何をつくっても自由だから、言い方は悪いが、気が向いたらキュウリをつくり、あるときはトマトやナスを育てるようなこともあります。

みずほは旬の農産物を提供しています。農家が好き勝手につくった野菜を適当に売っている場所ではありません。だから、販売所として品選びできる農産物をそろえる必要がありました。偏った野菜しか売っていない店は、経営すら成り立たないでしょう。農家がつくってできたものを、ただ棚に並べただけでは直売所になりません。

みずほの生産者たちは、技術を磨きながら品質を競っている。そして、本物を求める消費者に対して、プロがつくる高品質な商品を再生産可能な価格で販売する。そのため、委託販売契約している農業経営者に対して、品質競争を促すためのさまざまなルールが設けられている。

・**価格設定**：たとえば、先にキャベツを1個200円で売っている農家がいれば、新たにキャベツを出品する農家は200円以下の値段をつけることができない。新規参入者が価格破壊を起こして、安売り競争に陥るのを防ぐためである。

・**権利金**：生産者は販売期間に応じて権利金を支払う。通年販売であれば30万円を年初に支払い、年度末に返還される。

みずほに出荷するすべての農家は権利金を支払います。この権利金の意味は、農業者にとってみれば、みずほという舞台を借りて自分の商品を販売する権利、舞台の使用料です。また、新たにみずほに出荷したいという農家にとっては、権利金を支払ってでもみずほで勝負したい

という決意を示してもらう意味があります。自信と覚悟がなければ、みずほには参加できません。採れたものをただ漫然と並べる意識とはまったく違います。

一般の直売所と比較すると厳しいルールだが、目標を明確にすることで生産者の工夫や努力を促している。また、販売額から逆算して生産・販売計画を立てる経営感覚が身に付くので、この制度ができてから生産者は売上を大幅に伸ばしている。

- **商品管理**：商品としてふさわしくない農産物の回収は、生産者の義務である。もし、生産者が自主回収できずに店のスタッフが不良品を回収したときは、生産者は店頭販売価格で買い取る。
- **値下げ禁止**：定時、定量、定品質、定価格がみずほの基本である。出荷シーズンを通じて価格は一定にしているので、夕方になって品物が売れ残っていたとしても値下げしない。客を差別しないこと、そして安くなった商品を目的に来店する人を排除する狙いがある。

その他にも、「インターネット販売や宅配はしない」「カットされた野菜は売らない」「スイカやカボチャ、白菜など、大きな野菜でも丸ごとで売る」。天候などの影響で、計画生産・計画出品が難しいため、「魚介類は扱わない」「バナナやグレープフルーツといった輸入物は売らない」といった様々なルールがある。

また、みずほの店舗には野菜のための冷蔵ケースがない。採れ立てのものをできるだけ育った環境に近い状況で顧客に販売・提供したいからだ。そして、ほとんどの野菜は試食できる。

生では食べにくい根菜類も、食材の持ち味を損なわないよう簡単な調理がしてある。

みずほの利用者が支持しているのは農産物の品質や味である。さらに、ほぼすべての商品が試食でき、同じ種類の農産物を複数の生産者が出品しているので、消費者は納得したうえで商品を選択・購入できる。

Point
直売所が客を選ぶ

「今晩のおかずは何にしようか」と買いに来ても、おかずを売っているわけではありません。セールはなく閉店時間になっても値下げしない。そうした目的でやってくるお客さんは満足しないでしょう。みずほは、いいものを知っている人が、自分に合った野菜や果物を買いに来る店です。生産者が手間ひまかけてつくった商品を売っている店だから、そのことが分かるお客さんだけに買いに来て欲しい。

設立当初は値引きをして欲しいという客が多かった。そこで設立後すぐに導入したのが会員制度である。

誰も彼も相手にすれば、販売品の質は落ちる。農家の値下げ競争が起こる。それを避けるために、値段に文句を言わないお客さんだけに来てもらうことを考えました。

みずほのビジネスモデルの本質は、「みずほが客を選ぶ」ことにある。当初の会員数は300人程度だったが、現在では1万人を超える。将来、長谷川氏はみずほを会員だけの店にするこ

みずほの村市場の玄関

店内の様子

とも考えているという。

これまで、どれだけ良いものをつくっても高く売ることが難しかった。値段は農協や市場の言いなり。利益を増やすには、コストを下げるしかない。品質が落ちても仕方がない。しかし、みずほは価格競争ができない仕組みになっている。お客さんが買いたいと思うくらい価値を上げなければ、適正な利益を得ることはできません。

これまで、利益をあげようとするとコストを下げるしかなかったが、これは引き算の考えである。それに対して、品質での勝負は価値を高くして、その価値に見合った価格にする。これは足し算である。適正な利益を上乗せした価格設定を生産者自身が行うことで、再生産可能な農業経営を目指している。

4 世界に通用する日本酒をつくる
永井酒造(株)〔群馬県川場村〕

日本酒市場の低迷に歯止めがかからない。日本酒の国内出荷量をみると、ピーク時には170万kℓを超えていたが、近年は60万kℓを割り込むまでに減少している[1]。

「日本酒を世界に通用する飲みものにしたい」。日本酒を取り巻く逆風のなか、永井酒造6代目の永井則吉社長は、海外では白ワインのひとつとして飲まれることが多かった日本酒を、乾杯から前菜、主菜、デザートまで、コース料理に利用される地位に押しあげようとしている。それが、お酒をコース料理に組み合わせる「NAGAI STYLE」（永井スタイル）の提案である。

Point

スペックの競争をやめる

永井酒造は、川場村の水に惚れ込んだ初代永井庄治氏が1886年に創業した。初代は長野の藩士だったが、明治維新後になって「良い酒をつくりたい」という想いと、上州武尊山に降る雨や雪が尾瀬の大地でろ過された天然水との出会いが、川場での日本酒づくりのきっかけになった。

現社長の永井氏が家業を継いだとき、尊敬する知人から「酒づくりを一生の仕事に選んだのだから、世界に通用するワインくらいは飲んでおきなさい」とアドバイスされた。その人から、ブルゴーニュ地方のモンラッシェが贈られてきた。白ワインの王様といわれるくらいに有名な銘柄だったが、当時の永井氏にワインの知識はなかった。

私のような素人でも、飲んだ瞬間にガツーンという衝撃が走りました。今でも、そのときの味をはっきり記憶しています。ワインを知らずに一流の酒はつくれないと思い、独学でワインの勉強を始めました（**永井則吉社長**）。

ワインの勉強を始めて2年後、ワインの「マン・オブ・ザ・イヤー」を受賞したことで知られるジャン・ミッシェル氏が永井酒造を訪れる機会があった。

そのとき一番勉強になったのは、彼のワインづくりへの哲学でした。これが世界で活躍する酒蔵のオーナーなんだと。今のままだと絶対にこんな人にはなれない。自分には何が足りないのかを懸命に考えました。でも、その頃の私は、技術や製造のことばかり考えていました。技術さえあれば良い酒ができると思っていました。お酒の世界観をつくるのは哲学とビジョンだと気づいたのは、それから5年も後になってでした。

永井氏は、日本酒に限らず、総じて日本のモノづくりはデフレだという。

これまでの日本酒は、「精米具合は何%か」「原料はどこの米か」「アルコール添加の有無は」など、スペックばかりを重視してきました。スペックが決まれば、およその値段が決まります。たとえば、「山田錦を使った精米歩合50%の純米大吟醸だと、だいたいこのくらいの値段」といった相場のようなものです。これはパソコンでも自動車でも同じことがいえます。しかし、スペックにこだわると、100万円以上の値段がつくロマネコンティをつくることはできません。スペックでは説明できない価値を生み出しているのです。ですから、価値を高めるために哲学を磨き込んでいくことを決めました。

その哲学とは、自社の製品に川場の自然や文化をすり込むことだった。売るのは日本酒ではない。川場の自然、その自然の恵みである水、そして2千年以上にわたって先人から伝承された技による奇跡的な飲み物を売るのである。

Point

職人技とデータを融合する

ワインの世界観を日本酒で実現する第一歩が、2003年から取り組んだ食前酒のためのスパークリング日本酒の開発だった。手本はシャンパンだった。シャンパンをグラスに注ぐと、底から一筋の泡が立ちあがる。びんの中は5気圧以上、美しい泡と透明感あふれる輝きで世界中の愛好家を魅了してきた。

しかし、日本酒をびん内で二次発酵させても、期待したような気圧には達しなかった。もうひとつの問題として、日本酒にはびん内に澱《おり》と呼ばれる「にごり」が発生した。澱を取り除かなければならないが、取り除く過程で気圧が下がってしまう。3年間で500回以上も実験したが、すべて失敗した。

そんなとき、永井氏はフランスのシャンパーニュでの研修に参加した。「これが最後」という決意だった。シャンパーニュでは、専門書には書かれていないヒントをたくさん見つけた。ポイントは温度にあった。現地では澱の取り除き方も教わった。びんを逆さまにして取り除くと、気圧は下がらなかった。開発から4年が経ち、ようやく満足できるスパークリングが完成した。通算の失敗回数は700回を超えていた。

シャンパーニュでの研修では、シャンパンと名乗るための厳格なルールづくりについても学びました。栽培畑、製造場所、認定された品種、製法、気圧やアルコール度などに細かな決ま

りがあります。そして、ラベルには必ず"Champagne"と表記しなければシャンパンとして認められません。このように、農家、醸造メーカー、流通、協会が一体となってルールをつくり、百年以上にわたって守ってきたからこそ、高いブランドを維持し続けられているのだと感じました。

永井氏は、職人の勘とデータのバランスにもこだわった。ワインの品質は土壌や気候、原料のぶどうで決まるが、日本酒は米の状態や温度によってつくり方をコントロールする。つまり、日本酒は職人の技術が品質やおいしさを決める。従来、永井酒造でも職人の経験と勘に頼っていたが、職人の勘を数値化したところ、勘には大きなブレがあることが分かった。そこで、日本酒造りの8割をデータ、2割を職人の感性に切り替えた。ただし、職人の感性が飲む人の心に響くのですべてを機械化することはできない。

機械ができることはデータの管理だけです。データでは分からないこと、データ化できないものは人が担当する。人の感性と機械のデータの整合性をとることを目指しました。

Point

メニューに合った日本酒を用意する

永井氏はワインを勉強しているなかで、「なぜ日本酒はワインのように世界で通用しないのか」を考えるようになった。たどり着いた答えが、日本酒にはワインのようなバリエーションがないことだった。

スパークリング日本酒「MIZUBASHO PURE」

NAGAI STYLE（永井スタイル）

ワインの世界にはソムリエがいて、料理に合ったワインをすすめてくれます。食事の最初には、当たり前のようにスパークリングワインが出てきます。次に白ワイン、そしてメインの肉料理には熟成された赤ワインが用意されます。このように、ワインの世界ではとても自然な流れができていて、お客様を満足させてくれます。ワインは主役であると同時に、料理を引き立て、会話をはずませ、お客様を笑顔する名脇役でもあります。

それに対して、日本酒の世界では、大吟醸、純米、本醸造のように、原料や米の精米歩合で分類した特定名称による区分が一般的である。これは作り手や関係官庁の都合であって、そのときの消費者の気分や食事のメニューとは関係がない。つまり、日本酒にはセグメンテーションやターゲティングの発想がなかった。永井氏は、伝統的なこだわりや技術よりも、料理やメニューに合ったお酒を用意しなければ生き残れないと確信した。しかも日本酒は、ブランドづくりだけでなく「飲まれ方」でもワインに見劣りしていた。

ワインを勉強していたとき、日本酒の文化をそのまま海外のお客様に押しつけてはダメだと思いました。ワインの市場規模は日本酒の数千倍もあります。目指したのは、日本酒をワインと同じ土俵にのせることでした。今のやり方では、日本酒は特別なときにだけ飲まれるものになってしまいます。私たちは中華料理を食べるときに紹興酒を飲みます。でも、普段から紹興酒は飲みませんよね。日本酒も同じです。海外では和食ブームで日本酒が評判になっていますが、普段はワインを飲み、ジャパニーズ・レストランに行ったときだけ日本酒を飲むのでは市場は大きくなりません。私は年に数回フランスに行きます。有名なレストランには多くの日本酒の蔵元が営業に行っています。彼らが売り込むのは自慢の純米大吟醸です。これが本当においしいことはシェフの誰もが認めます。でも、そこからの広がりがありません。日本酒が世界で認められるにはバリエーションが必要なのです〔2〕。

永井氏は日本酒を4つのカテゴリーに分けた。そのねらいは、中華料理でもイタリア料理でも、どのような料理にも対応できるように、日本酒のバリエーションを増やすことである。乾杯用の食前酒にはスパークリング日本酒、淡泊な料理には従来のブランド酒、メインの肉料理には純米大吟醸を冷凍貯蔵庫で醸造させたビンテージ酒、そして甘みと旨みを凝縮させたデザート酒を用意した。これが、日本酒でコース料理にペアリングする「NAGAI STYLE」である。

5

旨い、安全、安心な豆腐で、年商50億円
(株)おとうふ工房いしかわ〔愛知県高浜市〕

おとうふ工房いしかわは、石川伸社長が「自分の子どもに食べさせたい豆腐をつくろう」との想いで1991年に設立した。その頃の日本経済はバブル崩壊直後。価値重視のデフレの中で、国産大豆とにがりにこだわった「日本の昔ながらの豆腐」の開発に成功した。日本一の豆

腐屋とはたくさんの豆腐を売ることではなく、たくさんのお客様を笑顔にすること。そうすれば業績がついてくることを学んだ。現在は、豆腐をはじめとする大豆加工品のパン、ドーナツ、スイーツの製造販売や飲食店経営も手掛け、年商は50億円を超える。

Point
豆腐をサイエンスする

実家は家族経営の小さな豆腐屋だった。石川氏は「日本一の豆腐屋になる」という夢を抱いて、27歳のときに家業の「石川豆腐店」を継いだ。まだバブルの余韻が残っていた時代だったこともあり、石川氏が夢見る「日本一の豆腐屋」とは、日本一多く大豆をつぶし、日本一数多くの豆腐をつくり、売上げで一番になることだった。しかし、大量生産できる体制を整えたが、まったく売れなかった。スーパーへ営業に行っても、豆腐の陳列棚は他のメーカーに抑えられていた。こだわりの豆腐への方向転換は、小さな気づきがきっかけになった。

あるとき、友人の奥さんから1丁200円の豆腐を取り寄せているという話を聞きました。社長からその会社を紹介してもらい、いしかわの豆腐を売ってくれるようお願いに行きました。社長から、「大豆は国産を使っているの？」「にがりは使っているの？」と聞かれました。当時、私は輸入大豆と凝固剤を使っていました。「それでよく豆腐屋をやっているね」と叱られました。その頃、私も子供を授かり、離乳食として豆腐を食べさせていました。自分の子供に食べさせたい豆腐をつくろうと覚悟を決めました（石川伸社長）。

にがりとは、豆乳を固めるための添加物である。もともと、豆腐づくりには、にがりが使われていた。しかし、第二次世界大戦のとき、にがりはジュラルミンの原料となる軍需物資として調達されたため、にがりの代用としてすまし粉が使われるようになった。

そこから、国産大豆とにがりを使った安全で本物の豆腐の開発に取り組み、商品化しました。しばらくして、自然食という位置づけで取り扱っていただけるようになり、その後、地元生協との取引が始まるようになりました。

国産大豆とにがりを材料とした豆腐は各方面から注目され、売上は急速に増加したが、石川氏は納得していなかった。国産大豆とにがりの豆腐は素材の味にこだわったが、甘みとコクの面で物足りなさを感じていた。

そんなとき、木綿豆腐をつくる時に出る湯から、オリゴ糖が抽出できることを知りました。大豆オリゴ糖に近い組成を持ったオリゴ糖と大豆から抽出した油を加えれば、自分の理想の味になるかもしれないと思いました。業界の常識では、何も足さないのが良い豆腐だと言われていましたが、私は反対のことをやろうとしたのです。

石川氏は、オリゴ糖には臭いをマスキングする効果があることも見つけた。実は大豆特有の臭いのために、豆腐が嫌いな子供が多かった。そこで、「自分が理想とする豆腐」と「子供たちがおいしいと言って食べてくれる豆腐」を両立した、「究極のきぬ」と「至高のもめん」を開発した。

私たちのテーマは豆腐をサイエンスすることです。安全でおいしい豆腐をつくる技術にこだ

わり、今まで経験と勘だったものを数値化することで、論理的にモノをつくることを目指しています。

Point 会社の規模に合った組織をつくる

2002年に大豆の全量国産化に踏み切った。政府による休耕田の有効活用の政策によって大量の国産大豆が生産されるようになり、価格は安定するようになった。そこに健康ブームが追い風となり、同社は豆乳飲料のための設備を導入した。

ところが、2004年に国産大豆の卸値が高騰した。台風と冷害という天候によるもので、一時的な出来事だと思われていたが、その翌年、翌々年も大凶作に見舞われ、国産大豆の価格はそれまでの5倍にもなった。価格の高騰に原料不足が重なり、同社は経営の危機に直面した。やむなくカナダ産の有機大豆に切り替え、パッケージには「カナダ産有機大豆使用」と書いた。

このとき、組織的な歪みが生じていた。財務は火の車だったが、いったん立ち止まり、体制を立て直すことを怠った。会社はずっと右肩上がりで成長してきたので、従業員たちとの関係は上手くいっていると思い込んでいた。しかし、現実はそうではなかった。ボーナスが払えず、給与も上がらない。納入業者からは取引を断られ、先が見えないことに社員の不満が募り、多くの社員が退職した。

そのときまで、私は「社員=労働力」だと考えていました。会社が小さく、従業員が少ない

豆腐の商品群

豆腐のスイーツ

おとうふレストラン「大まめ蔵」

ころは、ご飯を食べるのも一緒、企画を考えるのも一緒、何をするにもみんな一緒でした。物理的に顔が見える関係だったので、意識しなくても価値観が共有できていました。でも、従業員が増えると、今まで通りには行きません。そのことに気づきもしませんでした。

石川氏によると、会社の規模に合った組織管理があるという。彼はこれを「1・3・5の理論」と呼んでいる。

食品企業に限って言えば、社長一人では年商1億円が限界です。家族経営では3億円が限界です。ここまでは組織でなくてもできます。そしてほとんどの会社が、この辺りで成長がストップします。会社を5億円にするには、経営者としての立場と、会社は公器であるという意識が必要です。5億円以上の規模になると、各階層の職能や専門的知識が求められます。10億円企業には責任を明確にするガバナンスが必要です。30億円になるには、社会的に価値がある企業でなければなりません。この段階になると顧客との関係が変わります。これまで小売りに頭を下げて買っていただいたのが、先方から取引の話が舞い込むようになります。そして、衛生管理や物流機能などの食品メーカーとしてのインフラを整備できれば、50億円が視界に入ります。

このときの危機をきっかけとして、「自分たちがやるべきことは何か」「農家に貢献できることをしているのか」を意識するようになった。そして「日本の農業を大切にしたい」「地球の環境を守りたい」「昔からの味わいを大切にしたい」「地域の皆さんに愛されたい」という4つの「大切にしたいこと」を経営理念に掲げた。

これからの取り組みについて、石川氏はマーケティングやブランドの強化をあげる。

わが社の売上構成を見ますと、8割がB to B（企業間取引）、2割がB to C（企業対消費者取引）です。B to Cは、直営店、移動販売、通信販売です。われわれはB to C事業をプロモーションと位置づけ、2割のB to Cを維持しながらB to Bを増やすことを考えています。プロモーションがうまく進み、豆腐の新しい価値創造ができれば、売上高100億円がみえてきます。ようやく、「お豆腐屋さん」ではなく「いしかわさん」と呼ばれるようになってきました。マクドナルド、吉野家というと、誰でも何を売っている店なのか知っています。いつか、そのようなところまで行ってみたいと思っています。

6 まとめ：農業を産業にする

Point 顧客との関係を見直す

私たちは、産業ごとに収益性が異なることを知っている。「平成28年企業活動基本調査速報」（経済産業省）によると、全産業の中で、飲料・たばこ・飼料製造業の自己資本当期純利益率がもっとも高く、逆にもっとも低かったのが、石油製品・石炭製品製造業だった。産業によって収益性に差があるのは、産業ごとに競争構造が異なるからである。戦略研究者のマイケル・ポーターは、産業の平均的な収益性に影響する要因として、「新規参入の脅威」「既存企業による競争」「代替商品やサービスの脅威」「サプライヤーとの交渉力」「買い手（顧客）との交渉力」の5項目をあげている[3]。

本章のミッションコア企業のイノベーションに共通するのは、これら5つの競争勢力の中でも、とくに買い手（顧客）との立場を逆転させたことである。もし、顧客への提供価値が価格やコストであれば、期待以上の利益を得ることはできないし、企業としての存続も容易ではない。それに対してミッションコア企業は、顧客がわざわざ店舗を探してでも、何時間も並んででも、相対的に高い価格を支払ってもでも、買いたいと思わせる仕組みをつくり出していた。

みずほの村市場の長谷川氏は、農産物直売所において顧客との力関係を逆転させた。日本政策金融公庫による農産物直売所調査によると、消費者は直売所の魅力として鮮度（75％）と価格の安さ（65％）をあげている（複数回答）[4]。つまり、消費者は安くて新鮮な商品を求めて直売所にやって来る。

それに対して、みずほの村市場は、プロの農業経営者が農産物の品質を競う舞台になること、そして本物を求める消費者と出会う場所になることを決めた。一般の直売所と違って、みずほの顧客は、本物の食材を知っていて、それにこだわり、そのためなら適正な価格を支払う人だけが来店する。逆に言えば、新鮮さや品質よりも、立地、価格、ワンストップを選ぶ人は、みずほの店に足を運ばない。

みずほの村市場のビジネスモデルの特徴は、生産者に対して「腕を競う場所」という価値を提供したことにある。これまで、農業生産者が野菜を出品するのに権利金を支払い、ライバルとの競争に負ければ権利金を没収される直売所などなかったはずだ。結果として、みずほの直売所は、消費者と生産者の双方にとってなくてはならない存在になった。

サラダコスモのもやしやおとうふ工房いしかわの豆腐は、スーパーの特売商品として販売されることが多い。このような商品に高い価値をつけるのは難しく、消費者は価格で商品を選ぶしかなかった。しかし、サラダコスモやおとうふ工房いしかわの「安全で安心、おいしい商品」は、小売りや消費者との立場を逆転させた。健康志向が高く、安全でおいしい食材にこだわる消費者は、割高な代金を支払ってでも高付加価値の商品を買い求める。興味深いことに、そのきっかけは生活協同組合（以下、生協）との取引にあった。

生協が重要な役割を果たすのは農業に限らない。たとえば、「平牧三元豚」や「金華豚」で知られる（株）平田牧場（山形県酒田市）が全国的に知られるようになったのは、鶴岡生協の創立者である佐藤日出夫氏との出会いがきっかけだった。佐藤氏は平田牧場の創業者である新田嘉一氏に「生産する者と販売する者、ともに手を結びあい消費者が喜ぶものをつくり、届けていこう」と言ったそうだ。その後、同社は佐藤氏のアドバイスを受けて、無添加・無着色のウインナーソーセージの製造販売に乗り出した。画期的な取り組みだったが、その当時は添加物や着色料を使用しているため「ウインナーは赤い」ことが常識だった。

無添加のコンセプトは、「きちんと腐る商品をつくる」というものだった。時間が経てば化学添加物が使われていない商品は腐る。しかし、このような無添加の商品は品質が高くても見栄えが悪く思われ、スーパーや小売店から敬遠された。そのような苦境のなか、東京世田谷にある生協組織「生活クラブ生協」は、平田牧場の無添加製品の価値を高く評価して販売に取り組んだ。この事例は、ミッションコア企業のイノベーションには、その価値を共有できるチャネルを見つけることが欠かせないことを示唆する。ミッションコア企業の戦略のキーワードは「誰に、何を売るか」なのである。

Point

農業の産業化に不可欠な4つの課題

みずほの村市場の長谷川氏は、「日本の農業は産業ではない」と言う。同様に産業競争力会議農業分科会の「「農業の産業化」に向けて」においても、農業の産業化に向けた取り組みについて提言が行われている[5]。農業が産業であるためには、次の4つの要件が必要である。

① 発想を作り手から顧客や市場に変える

産業化に遅れている業界では、セグメンテーションやターゲティングといったマーケティン

平田牧場の本店

グの視点がない。長谷川氏の言葉を借りると、「農家は生産物（できたもの）を売っているだけで、商品（顧客が求めるもの）をつくっていない」。

日本酒にも同じことが言える。この業界には、「どのような料理に、どのような日本酒が合うか」という発想がなかった。永井酒造の永井氏が言うように、これまで「良い日本酒」の定義はスペックによって決まっていたが、これは売り手や作り手の都合である。飲む人や料理店のニーズに気づこうとしなかった。

あいやは、お茶業から食品加工業に転身した。顧客が変われば、そのニーズも違ったものになる。「良いお茶」の判断は、生産者から顧客である食品会社に移るので、あいやは衛生管理や品質管理、顧客のニーズに合わせた商品開発や提案営業に力を入れるようになった。

②オペレーションを効率化すること

第一次産業に共通する課題は、オペレーションの効率が悪いことである。オペレーションの効率を高めるには、人とデータのバランスをとることが重要になる。石川氏の「豆腐をサイエンスする」や永井氏の「職人とデータのバランスをとる」という発想は興味深い。食品加工業としてのあいやにとって、安全性、品質、効率性が重要な経営資源になったが、これは従来のお茶会社での経営資源とは異なる。同社の「抹茶を忘れず」というのは、日本の伝統的な製法や哲学を守ることであり、「抹茶を離れる」とは、その本質を維持しながらも、環境変化に合わせた商品を開発することをいう。

農業でのオペレーションについてのもう一つの問題は、製造から販売までの価値連鎖が調整されていないことにある。本章の事例のほとんどが、研究開発から製造、マーケティング、直営店まで一気通貫で展開している。現在、農業の分野において第六次産業化を求める声が高まっているが、これも価値連鎖の統合や調整に関連する。本章のミッションコア企業のオペレーションは手本となるはずだ。

③マネジメントの概念を持ち込むこと

農業生産者の多くが、個人事業主や家族経営といった形態をとるため、組織経営に必要な人材の採用や育成、評価システム、ガバナンスといったマネジメントが機能しない。マネジメントが機能しなければ、組織としての社会的責任を果たすことができない。農業が産業化するためには石川氏の「1・3・5の理論」のように、事業の規模に適した組織管理が必要になる。組織のあり方は、規模や成長に従うのである。

④再投資の概念を持つこと

産業は必ず再投資が行われる。再投資は事業を継続するために不可欠である。再投資を計画的に行うには、価格設定と販売数量、原価計算に基づいた、正確な利益モデルが必要である。

しかし、従来の農業では仲介業者や小売りが価格決定権を持ち、しかも生産者には原価計算の概念がなかった。長谷川氏によると、みずほの村市場で成功する農家に共通するのは、データに強いことだそうだ。

［注］

1 「酒のしおり」（国税庁）。
2 ２０１５年の日本酒の生産量に占める輸出の割合は３％程度にすぎない。
3 マイケル・Ｅ・ポーター著、土岐坤、中辻萬治、服部照夫訳『［新訂］競争の戦略』ダイヤモンド社、１９９５年。
4 日本政策金融公庫「農産物直売所に関する消費者意識調査結果」２０１２年３月。
5 https://www.kantei.go.jp/jp/singi/keizaisaisei/bunka/dai6/siryou4-1.pdf

第2章

心と体の健康に寄り添う

（株）タニタ（東京都板橋区）は、食事や運動など「健康」に関わる事業を展開する。もともと健康計測機器メーカーだったタニタが広く知られるようになったのは、NHKのテレビ番組『サラリーマンNEO』の「世界の社食から」というコーナーに取りあげられたことだった。わずか数分の放映だったが、「平均して500キロカロリーの定食をおいしく、お腹いっぱい食べていながら、体重を減らし、しかも生活習慣病を予防する奇跡の社員食堂」として紹介された。タニタ食堂のメニューを紹介した『体脂肪計タニタの社員食堂：500kcalのまんぷく定食』（大和書房、2010年）は、続編も含め、シリーズ累計542万部が出版された。

この機会を谷田千里社長は見逃さなかった。その頃のタニタは、かつて事業の柱だった体重計や体脂肪計が低迷していた。そこで、さまざまな健康計測機器を製造販売する一方で、次のステップとして、食のソリューションを提供する「健康総合企業」に舵を切った。その取り組みの一つが、社員食堂のコンセプトを再現した「丸の内タニタ食堂」である。また独自の取り組みとして、法人や自治体向けの健康づくりパッケージ「タニタ健康プログラム」を始めた。これは一人ひとりの日々の活動量や血圧計、体組成計のデータを見える化することで、食習慣や運動習慣を見直すようアドバイスするサービスである。

おかげさまで、「タニタ＝健康」というイメージが定着しています。この要因は、とにかく何らかの分野でトップになることにこだわったからだと思います。当社は、体脂肪計や体組成計で国内市場のトップになれたからこそ、レシピ本や食堂にも説得力が生まれ、タニタは健康の

丸の内タニタ食堂

鶏肉とレーズンの
赤ワイン煮

タニタカフェ

会社だと広く認知していただくことができたのだと思います。トップになればブランドは必ずついてきます。その意味でも、勝負する市場を決めることは重要でした（谷田千里社長）。

バブル期に急成長した健康測定機器の売り上げが低迷するなかで、社員食堂を起点とするマーケティング戦略に力を入れた。結果として、タニタは「健康をはかるメーカー」から「健康をつくるソリューション企業」へと変身した。

ピーター・ドラッカーによると、企業の目的は「顧客を創造すること」だという。顧客をつくる方法にはマーケティングとイノベーションがある[1]。マーケティングとは顧客のことを良く理解して、彼らが欲しいと思っている商品やサービスを提供することであり、それに対して、イノベーションとは新しい満足を生み出すことをいう。顧客がまだ気づいていないニーズを見つけ、先回りして提供することが新市場の創造である。タニタをはじめ、本章で取り上げるミッションコア企業は、人の心や体の問題を解決する「新しい市場」をつくり出している。

1

食べて笑顔になる介護食
(株)ウェルビーフードシステム［静岡市］

「食べものを噛み、飲み込むことが難しくなったが、おいしい食事がしたい。」

超高齢化社会において、高齢者に関連した市場にはたくさんの空白が生まれた。そのなかで、ウェルビーフードシステム（以下、ウェルビー）が開発した特殊調理「ウェルビーソフト食」は、高齢者や食の障害者の「おいしいものを食べたい」という市場の空白を埋める新しい市場を生み出した。

Point

きっかけは高齢者のつぶやき

ソフト食とは、ものを噛む力や飲み込む力が弱くなった人向けの食事である。それまで嚥下食といえば、ミキサーでペースト状にしたものや、それをゼリー状に固めたものがほとんどだった。このようなミキサー食がおいしいはずはない。

「おいしいものを食べたい」という人間本来の欲求を満たすため、「常食に近いソフト食」という新しい市場を拓いたのがウェルビーの古谷博義社長である。1982年創業のウェルビーは、スーパーなどへの食料品販売のかたわら、社員食堂や社員寮での給食事業を手がけていた。介護食に進出したのは、2000年から始めた介護保険施設での給食事業からだった。

施設の厨房で食事をつくって提供するのですが、時間が経つと入居者の要介護の段階が上がり、常食をとれない方が増えてきます。当時、そのような方にはミキサーで細かく刻まれた食事が提供されていました。それはドロドロで彩りのない食事でした。しかも、ミキサー食は気管に入って肺炎を起こすこともあります（古谷博義社長）。

独自のソフト食の開発のきっかけは、介護施設の入居者のつぶやきを古谷氏が耳にしたことだった。「介護食には彩りがなく、おいしそうに見えない」「冷たい調理ばかりで、暖かいものも食べたい」「通常食の人と一緒に食事をとると寂しくなる」。従来の介護食への不満が、古谷氏を新しい介護食の開発へと駆り立てた。

「何とかできないか」と考えていたとき、事業に転機が訪れた。その当時、給食事業の他に企業や社員寮の食堂の運営をしていたが、長引く不況にリーマンショックが重なり、社員食堂の需要が大幅に減少していた。

これからの時代、社食事業は続けられないと思いました。一方で、介護施設との取引を通じて、高齢化が想像以上のスピードで進んでいるという感覚がありました。その頃、機能性介護食と銘打ったソフト食を開発しました。試験的に独自に開発したソフト食を提供したところ、施設での喫食率が3割も上がりました。そこで社食から完全に撤退して、福祉系の施設に販路を切り替えました。

Point 成長よりもこだわりを優先する

食が困難になった高齢者や障害者が楽しく食事ができて、ひいては生きる喜びを取り戻してもらおうと、まったく新しい調理方法を開発した。同社が開発したウェルビーソフト食は、見た目も味も常食とほとんど同じように仕上がっている。

ウェルビーソフト食

ウェルビーのお寿司

調理した食材をミキサーにかけ、改めて具材ごとに成形して盛り付けます。焼き魚はバーナーで焼き色をつけ、肉じゃがのグリーンピースは豆型のスプーンで一粒ずつくり抜き、すべてが手づくりです。盛りつけも大事な作業です。このようにウェルビーソフト食は、手間ひまをかけて丁寧につくっています。

恐らく、「おいしく食べやすい介護食を提供する」という事業機会に気づくことは難しいことではない。しかし、調理の手間ひまやコストを考えれば事業化は簡単ではない。それでも古谷氏がこの課題に正面から向き合ったのには、事業に失敗した経験が影響している。

大学を卒業後、古谷氏は義父が営む食品商社に入社した。30代半ばのころ、その流通資源をもとにフランチャイズ事業を立ち上げたが、一度ならず二度までも事業は立ち行かなくなった。

失意のどん底で、企業のあるべき姿とは何かを考えました。たどり着いた答えが、事業は社会にとって価値がなければならないことでした。そこで、「食を通して、社会に貢献する」という経営理念を掲げ、ウェルビーを興しました。

ソフト食に取り組んでから今日まで、ウェルビーの受託施設は3倍近く増えた。国内だけでなく海外からの引き合いも多く、中国や東南アジア諸国のほかフランスからも商談がある。同社の売上は急成長しているが、むやみな販路の拡大は避けている。

現在、拡大のための営業はしていません。ウェルビーソフト食を提供するには、一般のソフト食よりもコストがかかります。売上を伸ばすために価格を下げ、コストを削減した結果、品質を下げてしまっては本末転倒です。お客様においしいものを食べていただき、幸せを感じていただく。すべては、そのためにあるべきです。

2

大切な人を転倒から守る
マツ六（株）

［大阪市］

「大切な人を転倒から守り、安全で豊かな暮らしのお手伝いをしたい。」

建築金物卸売業のマツ六は、超高齢化社会を迎えた日本で「介護リフォーム」という新しい市場をつくりだした。3代目となる松本將社長が2004年に立ち上げたファーストリフォーム事業は、手すりやバリアフリーなど、高齢者や介護者を対象としたリフォームの施工業者向け通販ビジネスである。

Point

リフォームを工事（コト）で定義する

1921年に建築金物卸売業「松本六郎商店」として創業以来、マツ六は時代の変化に合わせて成長を遂げてきた。とくにバブル期には旺盛な新築需要に合わせ、建築金物なら何でもそろう「建築金物のデパート」と呼ばれていた。しかし、バブル崩壊後に新設住宅着工戸数は減少に転じ、新築件数と歩調を合わせてきた会社の業績はみるみるうちに悪化した。

問屋業は金物店から依頼された商品をメーカーに頼んで倉庫に入れ、それをお客さんに届けるだけです。「つまんない仕事だな」と思っていました。ということは、社員にとってもやりがいがないのは明らかでした。やりがいのある仕事とは、社会に必要とされ、これまでになかったカテゴリーをつくり出すことでした（松本將社長）。

90年代後半になると、「リフォーム」と「高齢化社会」をキーワードに住宅用手すり中核としたバリアフリー建材に乗り出した。

高齢者向けのリフォーム商材がまったくないことに気づき、これはチャンスだと思いました。先代社長のときから技術に対する知見はありましたので、高齢者や介護者のための手すりやスロープといった商品を、メーカーポジションできちんとつくっていこうと決めました。

商社としてのマツ六はメーカーとしては後発だったが、市場にはバリアフリー建材がなかったので、このカテゴリーでは先発者になることができた。そして、松本氏はリフォーム事業を「モノ」でなく「コト」と定義した。

金物店やホームセンターは商品別に仕入れ、店頭でも釘や丁番のように商品別に並べています。しかし、現場の施工業者が施主さんから依頼されるのは工事です。工事という「コト」が完結するには、建材という「モノ」がそろっていなければできません。私たちが目指したのは、売り手の理屈よりも、現場の仕事のお手伝いをすることでした。そして99年に「バリアフリー・

カタログ」を完成させました。このカタログは商品別でなく、トイレ、階段、居室のように、場所別、工事別に構成しました。

Point
リフォームに合ったビジネスモデルをつくる

全国の金物店や建材店にバリアフリーのカタログを売り込んだが、取り扱ってくれる店は少なかった。その当時の新設住宅着工戸数は、ピークほどではなかったが安定していた。人も会社も過去の成功体験を否定するのは容易なことではない。事業環境が変化しても新築住宅信仰は強く、小口で面倒な介護リフォームには誰も興味を示さなかった。何よりも、すべてのビジネスモデルが新築市場向けになっていた。

ここで思いがけないことが起こった。バリアフリー・カタログを創刊した翌年、厚生労働省の介護保険制度と国土交通省の建築基準法改正が施行された。注目すべきは介護保険制度だった。介護認定を受けた高齢者が保険で利用できるサービスの中に、「自宅を暮らしやすく、自立を助けるための住宅改修費支給」が含まれていた。これらの制度によって、膨大な住宅ストックを背景にした介護リフォーム事業が注目されるようになった。

まったくの偶然でした。介護保険が始まるからバリアフリーのリフォームを始めたのではありません。バリアフリーの工事を始めたら、その直後に介護保険制度がスタートしたのです。

介護保険金を受給できる改修工事には、「手すりの取り付け」や「床段差の解消」など5項目が指定されたが、すでにマツ六のカタログにはすべての工事が含まれていた。これまで地道に介護施設や施工業者の声を拾い集めてきた成果だった。

しかし、日本の住宅事業のビジネスモデルは新築需要に向いたものになっていて、介護リフォームのようなストックビジネスに応用することは容易ではなかった。新築市場が重視されるのには理由があった。まず、新築は単価が大きく、効率的な商売ができる。戸建てにしてもマンションにしても同じ設計なので、金物部品を箱買いすることができる。しかし、リフォームは一軒単位なので箱買いでは部品が余ってしまう。「この品番の丁番を3個、このタイプのビスを5個欲しい」と言っても、金物店は箱を開封すると在庫が残るので、開封せずに箱のままで売りたい。要するに、住宅リフォームに合ったビジネスモデルをつくるには、施工業者に必要な商品を必要な個数届ける流通システムが必要だった。

松本氏は、現場の状況を知ることから始めた。朝早くホームセンターで開店を待つ600人以上の施工業者から、様々な不満や不便を教えてもらった。すると、「商品の購入先がバラバラなので面倒」「小ロットで買いたいが箱単位でしか売ってくれない」「工事の途中で買い出しに行くと段取りが狂う」「その日の仕事が終わってから発注したいが、夜は店が閉まっている」といったたくさんの困りごとを知ることができた。

一般的な住宅リフォームでは、居住者から依頼を受けた施工業者が、金物店や建材店から必要な設備や材料を購入する。施工業者から注文を受けた金物店は、商品を問屋から仕入れ、さらに問屋はメーカーに発注する。いわゆる多段階流通経路と呼ばれる仕組みである。それに対して、リフォームの施工業者は「必要なものを、必要なだけ、必要なときに、必要なところへ確実に届けてくれるサービス」を求めていたが、そのようなサービスはなかった。そんなとき、松本氏はオフィス用品の通販ビジネスに出会う。

2004年、マツ六はバリアフリー住宅のリフォームのための高品質な品ぞろえ、全国どこでも確実で短納期のデリバリー、小口配送、介護リフォームに関する施工や関連法規等の情報提供、問い合わせセンターといったサービスを中核とした新しい流通システム「ファーストリフォーム（以下、Fリフォーム）」をスタートさせた。

この新しい流通システムでは、まず、金物店にFリフォームの特約代理店になってもらい、地元の施工業者に営業して商品カタログを配布する。次に施工業者はカタログから商品を選んでFリフォームに発注し、Fリフォームは施工業者に宅配便で商品を指定された場所に配送する。そして、施工業者は代金を金物店に支払い、Fリフォームは金物店から代金を回収する。つまり、施工業者からの受注や配送、問い合わせをFリフォームが代行する仕組みである。

この流通イノベーションのポイントは、1個口からの小口配送、平日16時までの注文については当日出荷するほか、施工業者の現場へ直送することで、施工業者の利便性を向上させるところにある。

現在、登録施工業者は2万7000社、Fリフォームが常時在庫しているアイテム数は

6000点にもなる。そのうち約6割が自社開発商品であることや、価値連鎖全体の最適化によって適正な利益率を確保している。そのため、金物店や施工業者にも満足できるマージンを提供できる仕組みになっている。

高齢者や介護者の施設に訪問したり、施工業者さんから要望を聞いたりして、愚直に商品を開発してきました。必要とされる商品をつくり続けた結果、手すりを止めるブラケットだけで2700アイテムにもなりました。まさしくロングテールの商品ですが、ここが当社の強みになっています。

最近では「ファースト事務」という施工業者向けのサービスを始めた。施工業者は工事以外にも自治体への介護保険申請書、お客様への見積書、Fリフォームへの発注書を作成しなければならない。とくに申請書は自治体によって様式が異なるので、事務処理の作業が重くのしかかる。日中は工事に追われ、夜は書類の作成に追われる。ファースト事務は、このような施工業者の間接業務をサポートするサービスを提供している。

Point

「介護者・高齢者の支援」から「転倒しない環境づくり」へ

マツ六の創業理念は、「小さな商いをたくさん集める」こと、そして商売に関わるすべての人を幸せにする「協調互敬」である。Fリフォームの仕組みは施工業者の困りごとを解消し、金物店には施工業者の開拓や代金回収という新しい役割と責任を与えた。そして介護者や高齢者、

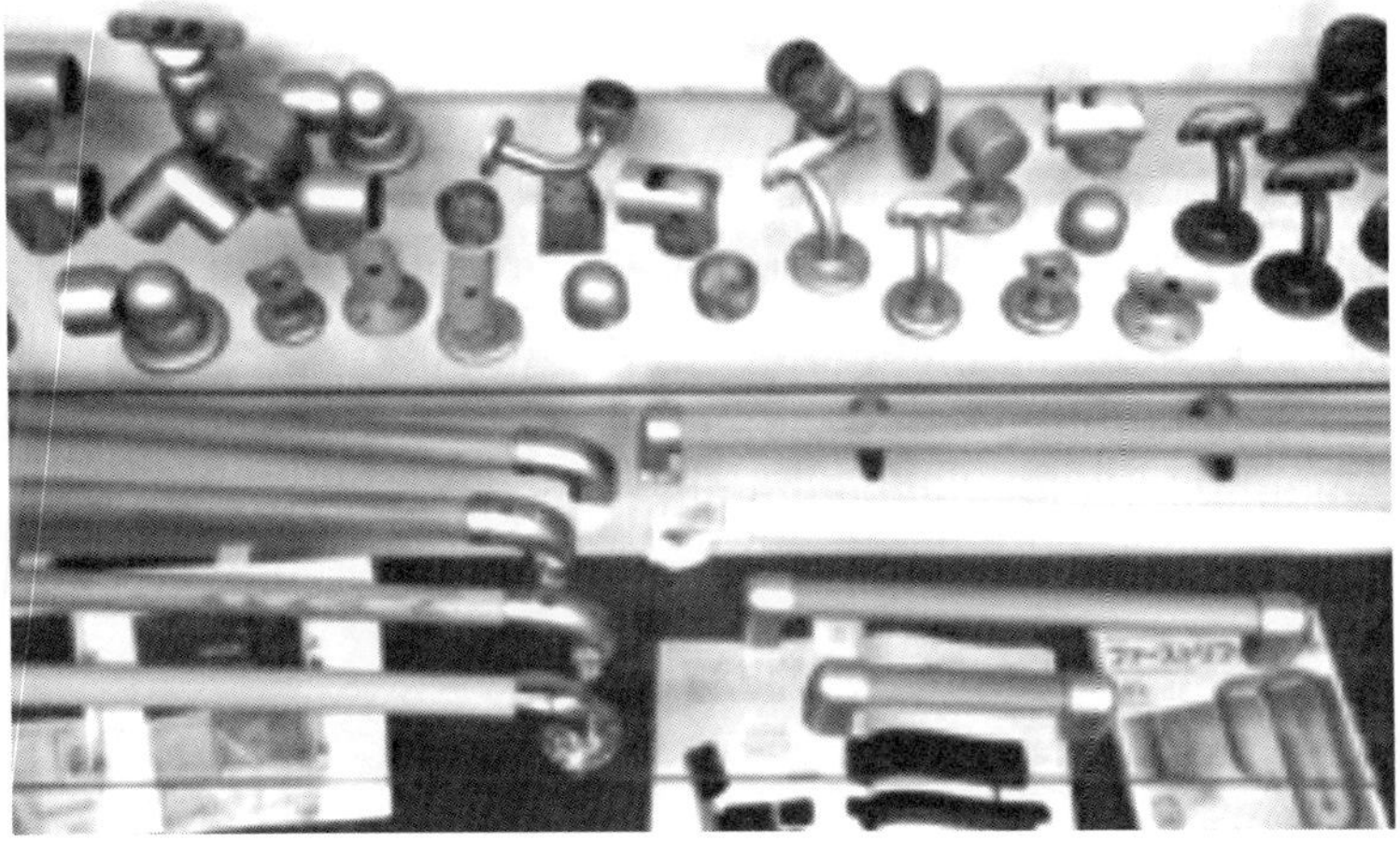

手すりとブラケット

受注センター

倉庫内の様子

その家族には、「転倒のない安全な室内環境」を提供する。つまり、100年前の理念が、今のFリフォームへ脈々と引き継がれているのである。Fリフォームの取り組みは、環境変化の中で、経営理念をその時々に合ったかたちにメンテナンスすることの重要性を教えてくれる。

松本氏によると、これからのリフォーム市場は、「介護が必要になった人のために」から「介護を必要としないために」へと変わるという。

これから介護保険は厳しい環境を迎えます。今後も高齢化が進むと、介護保険の適用条件が厳しくなります。極端なことを言えば、寝たきりにならないと介護保険を受けることができない、といったことが起こるかもしれません。そこで「介護が必要になったので手すりを取り付ける」から、「転倒して介護が必要にならないために手すりを取り付ける」に考えを切り替える必要があります。そこで、「転倒予防ナビ」というウェブサイトを立ち上げました。

このウェブサイトでは、芸人でパラパラ漫画でも有名な鉄拳さんが作成したショート作品『母の辛抱と、幸せと。』が紹介されていた。「辛抱」が信条で、決して息子に弱さを見せない母親と、転倒してケガをした母親の介護に奔走する息子の姿を描いた涙腺崩壊の物語である。「大切な人を転倒から守り、安全で豊かな暮らしのお手伝いができたら」という想いを伝えるため、マッ六と共同で制作した母と子の物語だった。

歌手の北島三郎さん、俳優の谷啓さんや細川俊之さんは自宅で転倒されています。外出先でなく、住み慣れたはずの自宅で転倒するのです。どうすれば、自宅での事故を防ぐことができ

るのか。このようなことを社会に伝えていくことも、私たちの大事な使命です。

Fリフォームの使命は、「介護リフォーム」から「自宅での事故をなくす」に変わりつつある。

3 カッコいい車いすをつくる
(株)オーエックスエンジニアリング〔千葉市〕

1988年創業のオーエックスエンジニアリングは、モータースポーツで培ったノウハウを活かして、従来の常識を打ち破る斬新なデザインと高い機能性を併せ持った車いすを開発している。同社の車いすは、利用者一人ひとりに寄り添うようにカスタマイズされている。とくに、競技用車いすの市場ではトップシェアを誇り、2012年のリオ五輪で同社製品を使用して獲得したメダル数は16個にもなる。

Point オートバイのノウハウを車いすに活かす

創業者である石井重行氏は、ヤマハ系のオートバイショップを経営するかたわら、モーターサイクルのレーサーとして活動していた。ところが、新型オートバイのテスト走行中に不慮の事故に遭い、脊椎損傷で両足の自由を失った。

その当時、車いす生活になった父には、乗りたいと思える車いすが日本にはありませんでした。自らチューニングしたオートバイでカッコ良さを追求してきた父は、病院にあるような車いすでは満足できませんでした。カッコ悪い車いすで外に出たくないと思っていたようで、自分が乗りたくなるような車いすをつくり始めました（石井勝之社長）。

89年に車いす事業部を設立して、本格的な研究開発に着手した。しかし、車いすの事業を始めた頃、制作に必要な自転車用の部品の供給をストップされたこともあった。「だったら、自分たちでつくってしまえ」と、ほとんどの部品を内製化した。幸いにも、同社にはオリジナルの部品をつくる設備や工作機械、切削や加工の技術を持っていた。92年に第一号となる車いすを完成させた。この製品はデザイン面で高い評価を受け、中小企業優秀賞（工業デザイン部門）や旧経産省のグッドデザイン賞などに選定された。同社の車いすは革新的で、斬新なデザインが詰まっていると業界を驚かせた。

当時の医療機器メーカーは、車いすを医療や福祉の枠の中で見ていました。しかし、私たちはオートバイから参入したので、車いすを乗り物の一つとして考えていました。考え方がまったく違っていたのです。たとえば、従来の車いすは広く深いシートにして、不特定多数の人が使う病院型、もしくは病院型をベースにして、使用する人の体格に合わせるオーダーメイド型というのがありました。

それに対して当社はオーダーメイドですが、ロードバイクと同じ発想で、フレームなど骨格

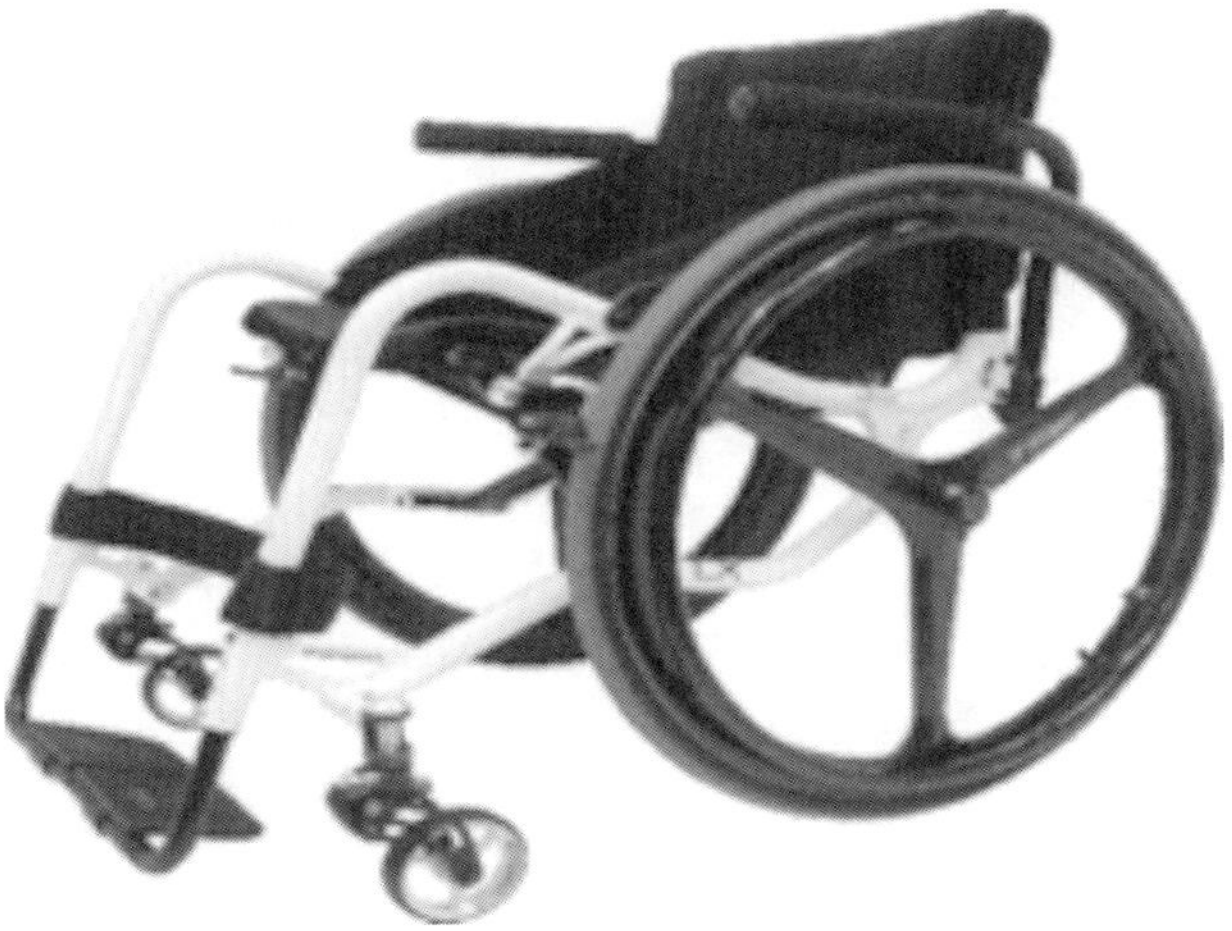

日常用車いす

レース用車いす

になるパーツを基本にして、使用される方の体格や障害の程度に合わせて部品を組み合わせ、調整できるようにしました。以前の車いすは伝統工芸品のように職人が製作していましたが、当社は車いすを工業製品に変えたのです。

Point

カスタマイズで参入障壁を築く

同社の日常用車いすは、使用者の好みや使い勝手に合わせて細かく対応できるようになっていて、色は約100種類を取りそろえる。また、シートの幅は20㎜ずつ8パターン、奥行きは3パターン、背もたれの高さは4種類、6段階の調節ができる。これらは購入後も調整を可能にした。従来の車いすには調節機能がなかったが、同社の車いすは障害の状態や変化、利用する場所や用途、車いすへの習熟度に合わせて調整できる画期的な製品だった。とくに競技用車いすは、選手が試乗テストをしながら1㎜単位で調整を行っている。

これまで車いすに調整機能がなかったのには次のような理由があった。

調整機能を付けると車いすは重くなります。それを軽量化すれば、壊れるリスクが大きくなります。要するにバランスが重要なのです。当社は、レース活動を通じて部品の強度を高くする一方で、軽量化の技術や特殊な設備がありました。他のメーカーの多くは製造を外注していましたので、そういった発想がありませんでした。

一人ひとりに合った車いすをつくることで、手間がかかり、規模も大きくない、大手企業が参入をためらう市場をつくりあげた。

同社のモノづくりを支えるのが、日常用への競技用技術のフィードバックである。日常用車いすの利用者の障害の程度はさまざまである。しかも医療用機器なので車いすの性能を評価することは難しい。それに対して、競技では障害の程度によってクラス分けされていているので、勝敗は選手の実力と車いすの性能で決まる。

陸上の国際大会には社員がチームスタッフとして同行している。スタッフと出場選手とは国内大会からの顔なじみで、緊密にコミュニケーションをとることで製品の改良や開発に役立てている。

当社の車いすに乗る国内外のサポート選手は、アトランタ大会以降の8大会で122個のメダルを獲得しました。陸上競技であれば、米国のタチアナ・マクファデン選手やスイスのマルセル・フグ選手など、世界ランキングでトップのアスリートをサポートしています。そうした方々に使って頂けることが私たちの誇りです。

4

「眼を護る」を基本に、快適な視界を提供する

山本光学(株)〔東大阪市〕

スポーツ愛好家の間で絶大な人気を誇る「SWANS」ブランド。スキーゴーグルで国内市場の50%、スイミングゴーグルで60%という圧倒的なシェアを誇る。1992年のバルセロナ五輪のマラソンでは有森裕子選手と森下広一選手が銀メダルを、2004年のアテネ五輪では野口みずき選手が金メダルを獲得した。また、80歳にしてエベレストに登頂した三浦雄一郎氏が使用したのは、同社のバックカントリーゴーグルである。

Point いつの時代でも使命は「眼を護る」こと

山本光学の創業は1911年、山本晴治氏が眼鏡レンズ加工業「山本レンズ製作所」を設立したのが始まりである。当時のヒット商品だった「満州防塵眼鏡」は、満州に出征する軍人や開拓民の眼を黄河が運んでくる砂塵から護るためのものだった。戦時体制となってからは、軍納品工場として防塵眼鏡や航空眼鏡を製作した。

大戦が終わると、井戸に隠していた眼鏡フレームの材料のセルロイドでつくった「スワン印の水中眼鏡」で再スタートを切った。戦後の産業復興のなかで、鉄鋼会社では遮光眼鏡、造船

会社では溶接眼鏡、国鉄では保護眼鏡といった産業用眼鏡の需要が次々と生まれた。64年には日本初の強化レンズの開発に成功。その後、紫外線をカットする防眩レンズや反射光を除去する偏光レンズなどを開発した。

産業分野以外ではスポーツの分野に参入した。71年に防曇スキーゴーグル「SWANS」を発売し、翌年の札幌冬季五輪によるスキー人気の追い風を受けて販売は拡大した。当時のスキーゴーグルは欧米ブランドが圧倒的に強かったが、本格的な曇り止め機能を備えていた技術が高く評価され、米国や日本のスキー連盟からスキー用具供給メーカーの認定を受けた。

しかし、バブルをピークに徐々にスキー人口が減少した。スキーゴーグルに頼った事業構造からの転換が迫られていたとき、日本陸連から92年開催のバルセロナ五輪のマラソン用サングラスの依頼があった。強い西日と紫外線から選手の眼を護るアスリートグラスの開発だった。またアテネ五輪の野口みずき選手のグラスは、サングラスの鼻パッドやレンズ形状に工夫を凝らした。彼女の特徴である飛び跳ねるような走法でもずれ落ちないように、「つる（テンプル）」がレンズの下側にあるアイウェア「E-NOXα」を開発した。走りを一体化したこのモデルは、野口選手が金メダルを手にしたこともあって爆発的に売れた。

Point

技術は経営理念を実現する手段

当社は曾祖父が創業して、私（山本直之氏）で4代目になります。創業者は防塵眼鏡のガラスを磨く職人でしたが、もっと快適な製品を提供したいと思い、眼鏡全体をつくるようになりました。それが産業製造業へ乗り出したきっかけです。2代目社長の祖父は、戦後の食料難の時代にセルロイドでつくったスワン印のスイミングゴーグルを開発して、潜水漁業の方に喜んでいただきました。SWANSのスイミングゴーグルとブランドネームの原点が、ここに誕生しました。

そして3代目の父は、スキーゴーグルの市場に参入したことで会社を大きく変えました。国産品は二流というイメージが定着していた時代に、欧米の製品より機能面で優れた防曇スキーゴーグルを開発して、世界中から高い評価を受けました。さらに、マラソン選手用のサングラスにも乗り出しました。当時、スポーツ用のサングラスにあまり良いイメージはありませんでした。そこで先代は、日差しや土ぼこり、事故から眼を護るスポーツグラスの機能について啓蒙活動を行ってきました。現在では、ゴルフ、野球、フィッシング、ロードバイクなど多様なスポーツシーンで、SWANSのスポーツサングラスを使っていただけるようになりました。

山本直之氏は、創業100年を迎えた2011年に社長に就任した。現在、力を入れているのが、売上の4割を占める産業用の安全衛生保護具や呼吸用保護具の製品開発である。また、眼の安全だけでなく、視界全体の快適性にも力を入れている。それに加えて、2020年の東京五輪を見据えて新商品の開発にも取り組んでいる。

スキーゴーグル

スワンズ・レスキュー用ゴーグル

5

自然の中で人間性を回復する
(株)スノーピーク〔新潟県三条市〕

ハイエンドのアウトドア用品メーカーとして知られるスノーピークは、世界で初めて「オートキャンプ」というライフスタイルを提案した。オートキャンプとは、SUV(スポーツ・ユーティリティ・ビークル)に乗って移動するタイプのキャンプである。同社のブランドは、「スノーピーカー」と呼ばれる熱狂的なファンを生み出している。創業以来、「自分たちもユーザーである」という立場から、自分たちが欲しい製品をつくることで、「自然の中で豊かで贅沢な時間を過ごすアウトドアの楽しみ方」を提案している。

Point

社員と顧客のコミュニティをつくる

スノーピークの歴史は、山井幸雄氏が1958年に創業した金物問屋「山井幸雄商店」に始まる。創業者の趣味はロッククライミングだったが、当時の登山用品は品質が悪く、使い勝手も良くなかった。そこで、自分でオリジナルの登山用品をつくって販売を始めた。

オートキャンプ事業は、現社長の山井太氏が88年に新規事業として立ちあげた。その頃、日本でアウトドアといえば登山のことだった。登山には、「つらい、きつい、危ない」という地味なイメージがあるが、そこにテント、タープ、システムデザインされたリビング&キッチンという、新しいアウトドア・スタイルを打ち出した。同時に、単なるキャンプではなく、「自然の中で豊かに過ごす」という価値観や具体的な遊び方を提案した。

しかし、オートキャンプブームが去ると同社の業績は急落した。そこで、オリジナルのコンセプトを提示した企業として、自分たちの存在意義を再度確認すべきだと考え、98年にユーザーと一緒にキャンプをするイベント「スノーピーク・ウェイ」を開催した。

スノーピーク・ウェイは、全国各地のユーザーと山井氏や社員とが一緒になって行うキャンプである。そのイベント・プログラムの中に、焚火《たきび》を囲んでの「焚き火トーク」がある。キャンパー同志が、メーカーやユーザーという垣根を越えて語り合う。自然に囲まれた場所で心が開放的になり、人と向き合いやすくなるためか、普段は聞けない素直な意見が飛び交うそうだ。

スノーピーク・ウェイは全国で開催され、人気の開催地は抽選になっている。キャンプでは、テントの隣同士は初対面だが、まず子供たちが一緒に遊び始め、料理を差し入れるようなことが自然に起こるという。それが段々と大きなコミュニティになってきている。

97年までは当社も普通の会社でしたが、スノーピーク・ウェイを始めた98年以降は、お客さまとの距離が近い会社になり、単にモノを売るのではなく、コトを提供するブランドメーカーに変わることができたと思っています（山井太社長）。

スノーピークの社員がユーザーと一緒にキャンプすると、鍋やバーナーの使い方や食事用のテーブルの並べ方など、様々なことが観察できるという。ユーザーから言葉としてニーズを聞くだけでなく、社員が肌で感じることで新製品の開発や改良ができる。

社員とユーザーとの距離については、山井氏をはじめ社員一人ひとりがスノーピークのユーザーでもある。そのため、ユーザーとしての社員が納得できる製品をつくることが開発の基本になる。

たとえば、他社製品のテントに付属しているペグの多くはアルミ製かプラスチック製ですが、当社のペグは鍛造です。日本にはおよそ2千カ所のキャンプ場がありますが、キャンプ場の地面は砂利だったり、草木が複雑に根を張ったりしています。ですから、鉄を叩いてつくった鍛造ペグを開発しました。他社製品より高価格ですが、手に持つとずしりと重みがあり、アスファルトも貫通する能力があります。

当社ではペグひとつをとってもプロダクト・デザイナーが担当しています。はじめて当社の製品をお使いになる方の中には、テントが最初になる方もいれば、ペグが最初になる方もいます。どのカテゴリーであっても、品質やデザイン、快適さ、洗練さなどが期待以上のものであることが私どもの使命です。

Point 社員全員で経営理念を考える

山井社長は、アウトドアにも会社経営にも「進むべき方角」を示すコンパスが不可欠だという。

スノーピークウェイ

スノーピーク武蔵小杉店

スノーピークにとってのコンパスが、キャンプと同じ名前のミッション・ステートメント「The Snow Peak Way」である。

経営理念の策定にあたっては、社員全員が具体的な行動指針を作成するプロセスに関わった。

社員一人ひとりが、自分の立場や役割の中でどのようにコミットしていくかを文章にしました。たとえば、営業部には5人の社員がいましたが、まず彼らは彼らの立場でミッションを考えました。次に、一人ひとりが書いたミッションを突き合わせて、営業部はどのようにして会社や地域に貢献していくかということを、自分たちのミッションベースと同じ方向性で描くようなことを行ったのです。そして個人と部門のミッションを提出した後、私の気持ちも込めて会社のミッションをつくりました。

スノーピークは、売上高がわずか5億円のときにオートキャンプのスタイルを生み出した。オートキャンプの本質は人間性の回復にある。スノーピークがオートキャンプを提唱した88年当時よりも、文明は格段に高度化しているが、その反面、日々の快適さや気持ち良さを失っている人も増えている。現代社会において人間性の回復の必要性がますます高まっているのだ。

私たちは、高度に文明化された社会とは異なる時間や空間を、キャンプというスタイルで提供しようとしています。自然の中で家族や仲間とテントを張ったり、料理をつくったりして、みんなで何か一つのことをすることで、人と人との絆が深まります。スノーピークの存在意義とは、キャンプを通じて人間性の回復のお手伝いをすることにあります。

山井氏の部屋には、谷川岳でたたずんでいる創業者の写真が飾ってある。

自分がユーザーであることを体現している写真だと思っています。私たちは、オートキャンプやアーバンアウトドア、アパレルで事業を展開しています。創業者が手がけていたカテゴリーとは違いますが、アウトドアのフィールドでユーザーとしてビジネスをしっかりと行う。ユーザーとしてビジネスをするということは、視点を変えれば、ユーザーとして嫌なことはしないということです。モノが壊れることも、デザインが良くないことも、感じが悪い店舗も嫌なんです。ユーザーとして私たちがして欲しいことをユーザーさんにするような会社でありたいというのが創業者の想いです。

6 まとめ：イノベーションの本質

Point

社会の不をなくす

イノベーションの醍醐味でもあり難しさでもあるのは、顕在化していないニーズに気づくことである。その気づきになるのが、私たちの身の回りにある不便なこと、不安なこと、不快なことである。そのような不を解消する方法を見つけることで、新しい市場が生まれる[2]。

ウェルビーフードシステムが新しいソフト食を開発したのは、従来の介護食に対する高齢者の不満に古谷氏が気づいたからである。そこで、「嚥下困難な高齢者・障害者の方に、機能的に安全に食べられる食事、食べておいしく、見た目にもおいしい食事を提供すること」を使命にした。古谷氏から伺った話だが、初めてウェルビーソフト食を食べたお年寄りが、涙を流して食事に手を合わせていたそうだ。企業は、人に生きる喜びや生きがいに関わることができる。

マツ六のFリフォームが解消する不は、要介護者に対してだけではない。現場で工事する施工業者に対して、「ネジが1個単位で購入できない」「必要な部品や器具が手に入らない」「その日の工事が終わり翌日必要なものを調達したいが、その時には店は閉まっている」などの不便を解消している。

オーエックスエンジニアリングの創業者である石井重行氏は、「外に出たいが車いすは使い勝手が悪く、カッコ悪い」という自分自身の不満を事業化した。これまで車いすには、介護や補助という福祉としてのイメージが強かった。しかも体格の違いに関係なく、誰もが利用できるように、調整機能はなくデザインや形状は画一化されていた。しかし、石井氏は利用者の体型や好みの色にカスタマイズされた商品を提供した。

山本光学は創業百年を超える老舗だが、いつの時代でも「眼を護る」という理念を守り続けてきた。創業後は大陸に渡った人の眼を砂嵐や塵から護った。戦中は戦闘機乗りの眼を護り、戦争直後は水夫の眼を護った。その後、スキーゴーグルやアスリート用のサングラスの分野に参入し、今では産業用の保護具へと事業を拡大している。山本氏は、「眼の安全を護るという理念を軸にして、市場ニーズにマッチした事業を展開することが、山本光学のＤＮＡ」だという。企業が存続するには、環境変化に合わせて顧客や提供価値を再定義しなければならないのである。

スノーピークが気づいた不とは、「便利になった社会の中で、人はいつの間にか大切な何かを忘れてしまった」というものである。そこで、キャンプを通じて心のバランスをとることで人間性を回復することを提案する。キャンプと日常では時間の使い方がまったく違う。キャンプでは、テレビを観たり、スマホでメールやゲームをすることはない。家族や仲間が共同してテントを張り、水をくみ、火をおこし、調理をする。ただし、ユーザーがスノーピークの理念に共感するには圧倒的な差別化が必要になる。このことについて山井氏は次のように述べている。

ブランドをつくり、ファンを生むうえでの基本は、他社と圧倒的に差別化した製品やサービスの提供です。そのため、ミッションには「自らもユーザーであるという立場で考え、お互いが感動できるモノやサービスを提供します」と書いています。シンプルだが、やはりこれが基本です。

Point

製品やサービスの概念を変える

2020年に東京オリンピック・パラリンピックが開催する。パラリンピックの起源は、1948年のロンドン五輪開会式と同日、イギリスのストーク・マンデビル病院で行われた競技大会とされている。わずか16人によるアーチェリー大会だったが、これが後にパラリンピックへと発展した。この病院の神経科医でドイツから亡命していたルートヴィヒ・グットマン博士は、「パラリンピックの父」と呼ばれている。グッドマン博士は、脊椎損傷の患者の多くが社会から隔離され、生きる気力を失い、精神的に追い詰められており、彼らにはベッドから立ちあがるような希望が必要であることに気づいた。それがスポーツだった。

日本では、車いすテニスでグランドスラムを達成した国枝慎吾選手や1998年の冬季・2004年の夏季パラリンピックで金メダルをとった土田和歌子選手らの活躍によって、障害者スポーツが注目されるようになった。これまで障害者スポーツは、競技というよりリハビリの手段とされていた。しかし、オーエックスエンジニアリングの車いすは、利用者にとって「仕方なく車いすに乗る」ではなく、「外に出たい」という気持ちにさせた。

『星の王子さま』の著者として知られるサン・テグジュペリは、「船を造りたいのなら、男どもを森に集めたり、仕事を割り振って命令したりする必要はない。代わりに、彼らに広大で無限な海の存在を説けばいい」という言葉を残した。オーエックスエンジニアリングは、単にカッコよくておしゃれな車いすを提供している会社ではない。オーエックスエンジニアリングの車いすで激しいスポーツをしている選手の姿を見て、車いすでの生活に不自由さを感じていた利用者が自分の行動や生活における可能性を感じ、積極的に外に出たいという気持ちにさせている。

また、ウェルビーフードシステムは介護食の価値観を変えた。従来の介護食は「生きるための食事」だった。見た目が悪くても、冷めたメニューでも、生きるためには食べなくてはならない。しかし、ウェルビーのソフト食は、「介護士さんから食べさせてもらう」という受動的な行為から、「自から箸やスプーンを持ち、食べたいと思う食事」に変えた。実際、胃から直接栄養を摂取していた患者が、ウェルビーソフト食に変えたことで、自らスプーンをもち、食事をとるようになったこともあるという。

Point 価値連鎖全体を調整する

新しい市場をつくるには、製造から販売までの価値連鎖（バリューチェーン）を再設計する必要がある。

もともとマツ六の本業は、価値連鎖の中流にあたる問屋・商社のポジションだった。問屋の仕事は、建材メーカーから商品を仕入れ、それを在庫して、金物店やハウスメーカーに販売することである。それに対して、Fリフォーム事業は、手すりをはじめとする介護商材を自主開発することで上流のメーカーポジションに進出した。下流方向に対しては、現場の施工業者から直接注文を受け、現場に直接配送する仕組みに変えた。そして、これまでマツ六の直接の顧客だった金物店や建材店は、施工業者からの代金回収に絞り込んだ。つまり、Fリフォーム事業のイノベーションとは、建材や金物の企画製造から施工現場までの流通プロセスを最適化したことにある。

オーエックスエンジニアリング、山本光学、スノーピークは、メーカーポジションを起点としながら、卓越したマーケティングによってブランドをつくり上げた。私は経営者へのインタビューで、今でも忘れることができない大失敗を経験した。私が研究者という職業に就いて最初に訪問したのが山本光学だった。当時社長だった山本為之氏に話を伺い、企業分析レポートとして送ったところ、思いもよらずお叱りを受けてしまった。私が「山本光学の成功要因は卓越した技術開発にある」とレポートに書いたからだ。

わが社はメガネやフレームをつくっている会社ではない。ブランディングとセグメンテーションにこだわるマーケティングの会社だ（山本為之前社長）。

叱られたことがご縁になって、今でもお付き合いをいただいている。

当社の基本はマーケティングです。とくに、セグメンテーション、ターゲットをしっかり定めることで、製品のポジショニングを設定しています。たとえば、サングラスに対するヨットとフィッシングのニーズは違います。フィッシングだけを取りあげても、船釣りと渓流釣りで

はまったく世界が違うそうです。アルペンスキーとスノーボードについてもまったく同じことがいえます。ですから、市場やユーザーの切り口を細かくして、それぞれのニーズを把握して、それに対してどのような提案をするのか。このことを常に考えています。

しかし、技術・製造と販売・マーケティングの両方を調整するのは至難の業である。なぜなら、製造、物流、マーケティング、販売、サービスといった価値連鎖の各活動で求められる経営資源やノウハウが異なるからである。しかも、それぞれの関係を最適化することも容易ではない。

Point

自社の利益よりも市場の成長を優先する

これまでになかった新しい市場をつくるとき、「自社の利益」と「新しい市場の成長」のどちらを優先するか慎重に考えるべきである。これに関して、全国にベーカリー店「アンデルセン」や「リトルマーメイド」を展開する(株)アンデルセン・パン生活文化研究所(広島市)の決断がとても興味深い。

アンデルセンは、これまでにたくさんの日本初を生み出した。同社は、今ではどのパン屋さんでもみかける「デニッシュペストリー」を日本で初めて売り出した。きっかけは、創業者の高木俊介氏が欧米視察で訪れたデンマークのホテルの朝食だった。バターがふんだんに使われたパイ生地のような絶妙な食感だった。そのおいしさに魅了され、日本で再現しようと取り組み、商品化に成功した。

また、多くのパン屋さんでは、顧客が自分の買いたいパンをトングでトレイにのせて購入するセルフサービス方式が一般的だが、これを日本で最初に導入したのもアンデルセンである。

さらに、「冷凍パン生地」の製造技術を開発したのもアンデルセンである。この技術は、いったん予備発酵させたパン生地をさらに低温発酵で熟成させ、これを冷凍保存することによって、必要なときにパンをつくれるようになった。この技術を使えば、いつでもどこでも消費者に焼きたてのパンを届けることができる。この技術はアンデルセンのドル箱になるはずのものだったが、無償で公開した。

その理由は、「パンの市場を育てること」にあった。いつでもどこでも焼きたてのパンを提供できるようになれば、パンに対する消費者の評価は高くなり、全体としての消費量が膨らむ。社内には反対意見もあったが、高木氏は「パンの市場を大きくすることが当社の利益につながる」と説得した。それに、早朝や深夜にパンを焼いていた職人の負担を軽減することもできる。つまり創業者は、自社の利益よりも「日本にパン食の文化」を広めることを優先させたのである。

アンデルセンの哲学は同社の社員教育にも表れている。2004年に広島県北広島町に「アンデルセン芸北100年農場」を設立した。その目的は、パンをつくる人だけでなく、パンを販売する人、パンを企画する人など、パンに関わる誰もが一粒の小麦を大切にする心、よきパン職人の心を育てることにある。

小麦や野菜といった原材料の調達を目的とするのではなく、土地を開墾し、小麦を育てて収

アンデルセン芸北100年農場

穫し、粉を挽き、生地をこねて、石窯で焼く。そして仲間と食卓を囲むといった「土づくりから食卓まで」を実践することで、「よきパン職人としての心と技術を学ぶ」研修農場です（吉田正子前社長）。

アンデルセンは、単においしくて安全なパンをつくる会社ではない。食を楽しみ、食を大切にして、食生活の質の向上を願っている消費者に寄り添う。そして、「日本の食卓にパン文化を根付かせたい」「志を食卓に届ける」という理想を掲げ、その創業理念を継承する人材を育てる。それがパン市場を成長させたアンデルセンのアイデンティティである。

［注］

1　ピーター・ドラッカー『マネジメント：基本と原則［エッセンシャル版］』ダイヤモンド社、２００１年。

2　大山健太郎『アイリスオーヤマの経営理念　大山健太郎　私の履歴書』日本経済新聞社、２０１６年。

第3章

伝統に寄り添う

漆器の輪島塗、磁器の有田焼、織布の大島紬など、日本には世界に誇る数多くの伝統工芸がある。しかし、日本の伝統工芸は厳しい状況に置かれている。伝統的工芸品産業振興協会の調査によると、伝統的工芸品産業の従事者数は1979年度の29万人から2012年度には7万人にまで減少し、生産額は5400億円（83年度）から1040億円へ落ち込んでいる[1]。

一般に伝統工芸品は、「丸亀うちわ」のように地域と製品の組み合わせで定義される。地域の文化や伝統が埋め込まれた製品は、それ自体がアイデンティティをもったブランドである。堺の和包丁や西陣織のように、ごく一部の伝統工芸品は海外から注目を集めているが、多くの日本の伝統工芸品は衰退している。正月に屠蘇器や重箱を使う家庭はどのくらいあるだろうか。着物を着る機会は限りなく少なくなったはずだ。我が家のマンションに仏壇やタンスを置くスペースはない。しかし、このような状況において、ミッションコア企業は提供価値や顧客を再定義することで活路を見いだしている。

1852年（嘉永5年）創業の及源鋳造（株）（岩手県奥州市）は、「重くて錆びやすく、手入れが面倒」と思われていた鉄器を、現代のライフスタイルに合うような商品づくりに取り組んでいる。ヒット商品である「タミさんのパン焼き器」や「南部ごはん釜」は、「どうやってこの商品に魅力をつけるか」という発想から生まれた。5代目の及川久仁子社長は、当時ではまだ珍しかった商品にレシピを付けるという販促を行ったが、その理由は流通の問題にあったという。

タミパンクラシック

すき焼き鍋のような南部鉄器の伝統的商品なら、問屋さんは普通に取り扱ってくれます。でも、鉄器のことを理解できるバイヤーが減ってしまい、説明が必要な商品は取り扱ってくれなくなりました。このような流通の状況では、自分たちで商品開発したものは、自分たちでしっかりと情報発信しなければならないと考えました。その一つの手段がレシピです。鋳物を知らないバイヤーにレシピを渡して、「こういう料理に使える鍋です」とお客様に商品を紹介してくれるようにお願いしました。レシピを消費者向けではなく流通向けの営業ツールにしました（及川久仁子社長）。

及源鋳造の取り組みは、商品のハード面の価値だけでは今の環境を生き抜くことが難しいことを教えてくれる。つまり商品力に加え、「商品の魅力をどのようなものにするのか」「それを顧客にどのように伝えるのか」という提案力を合わせ持つことが必要である。

1 最強の黒子になる
（株）坂本乙造商店［福島県会津若松市］

漆は「モノづくり日本」を代表する伝統技術である。しかし、伝統工芸の世界だけに閉じ込めていては、いずれ衰退する。会津塗りの老舗である坂本乙造商店も例外ではなかったが、3

代目の坂本朝夫社長は、海外、とくに欧州からの引き合いに活路を見出した。日本の伝統工芸である漆工芸を、最新の素材と融合させた同社の技術が国内外から注目を集めている。

Point 伝統工芸品を伝統工業品にする

1900年創業の坂本乙造商店は、漆の精製と加工を家業としてきた。だが、坂本社長は、常々「これから漆の精製や漆器を扱う問屋業として、生き残ることができるのか?」「生活様式が変化する中で、今のままの漆器づくりでいいのか?」という疑問を持っていた。

総じて日本の伝統工芸は70年をピークに急激に衰退します。大量生産で安価な日用品や家具、服飾品が普及したこと、洋風化する生活に伝統工芸品が馴染み難くなったことが背景としてありました（坂本朝夫社長）。

坂本氏が漆の概念を見直すきっかけは、「伝統工業」という言葉に出合ったことだった。

あるとき、上野の国立科学博物館から「伝統工業の展示会を設けたいので、漆の精製装置を譲ってくれないか」という依頼がありました。「伝統工業とは何でしょうか?」と尋ねたところ、江戸時代から工業的に生産されていたもので、たとえば、漆、塩、織物、紙などを指すのだそうです。それを聞いた瞬間、漆は工業製品だったんだと気づきました。

そこから坂本氏は漆について猛勉強を始めた。漆は「美術的な工芸品」として歴史には登場するが、「機能的な工業品」として注目されることはなかった。漆は熱に強いことが知られていたが、耐熱のデータはない。実際に実験してみると、耐熱温度は約２４５度だった。その後、耐水性や防腐性についてもデータを集めた。

漆は工芸品にとどまらず、防蝕・防湿剤や接着剤として広く使われてきた。そして、日本ほど漆を活用している国は他になかった。木造船の船底に漆を塗ることで木が腐るのを防いだり、船足を速めたり、魚雷や爆弾のコーティング剤としても使われていた。工芸品としての漆器は、その一部という位置づけだった。

その後、坂本氏は漆という素材の原点に立ち返り、漆の加工技術を現代の工業製品のなかで表現することを考えた。その切り口のひとつが、パーカー万年筆やフランスの銀器メーカーのクリストフルなど、著名な海外ブランドの製品の装飾に会津塗りの技術を取り入れることだった。

坂本氏にとって、漆の工業製品化は大きな決断だった。会津塗は江戸時代に始まり、４００年の歴史をもつ。江戸中期、会津藩によって高度な装飾技術が移入され、今日のような華麗な漆器になった。つまり、会津塗は会津藩の加護の下で育成された郷土の誇りである。

会津塗りを工業製品にするというのは、会津塗という看板を外してブランドホルダーのパートナーに転じることを意味する。工業品になれば製品名から「会津」という地名が消える。ライカのカメラであれば製品ブランドはライカであり、装飾としての会津塗りはカメラの価値を高める役割になる。このときから、同社の事業の定義は、「会津塗の漆器会社」から「漆の加工

ハウジング部分が漆塗りの FOSTEX ヘッドフォン

オーナメントの〝漆玉〟がついたシチズン時計「アンビリュナ」

技術を現代の工業製品のなかに表現する会社」へと進化した。

Point

「手づくりならでは」は不良品

同社は最初の受注で大失敗を犯した。万年筆メーカーのパーカーに納品したデスクセット2000個が、「仕上がりにムラがある」としてすべて返品された。坂本氏は、「100年以上続いた店を潰した」と頭を抱えたという。

その失敗から重要なことを学んだ。それは工芸品と工業製品に求められるニーズの違いだった。工芸品であれば、仕上がりのムラは「手づくりならでは」の風合いとして高く評価される。ひとつとして同じものがないことは、工芸品本来の価値だが、工業製品に求められたのは多様性ではなく、「どれも同じ」という均一性だった。この経験から坂本氏は漆製品の内製化を図った。これまで、他の工芸品と同様に漆器製造は分業制だったが、材料の調達から塗りまで自社で一貫して製造する体制をつくりあげた。

漆の工業製品化に成功したことで、同社は海外からさらなるクライアントを呼び寄せた。1980年前後、欧州の名だたるブランドメーカーが、「漆加工の技術を教えてほしい」と同社を訪問した。坂本氏がその理由をついて尋ねると、「品質が良くて安いというジャンルは日本に奪われた。われわれが生き残る道は高級ブランドしかない」という返事だった。高品質で安価な日本製品のあおりを受けた欧州の装身具や時計の名門メーカーが、製品の付加価値を高める技術としての漆加工に着目するようになった。

海外で高い評価を受けた背景には、長い歳月をかけて培われてきた漆工芸の確固たる技術がある。

工芸品にしても工業製品にしても、日本のものは緻密で美しいことで定評があります。海外の方から「日本製品は、なぜ見えないところまで気を配るのか?」と質問されます。緻密さを美とする日本人のモノづくり意識は、世界的に稀有な感性のように思えます。

坂本乙造商店は、海外のクライアントの要望に応じて、微細な塗色の調合もしている。伝統には、ある意味「規範」のような拘束性がある。しかし、そこから少し目を転じて、クライアントのアイデンティティに合わせ、斬新な魅力を備えたモノづくりを突き詰めていけば、日本の伝統産業はグローバルに受け入れられる。ただし、付加価値の意味を徹底的に研究しないと、真の高級品はつくれない。坂本乙造商店のイノベーションは、「もともと漆は工業用の材料だった」という気づきが起点になっていた。

2
絣の技術で米国の文化を織る カイハラ(株)
［広島県福山市］

米国で生まれ、世界中で愛用されているデニムだが、そのデニム生地の生産で世界屈指のメーカーがカイハラである。海外の一流デニムブランドから高い評価を得て、海外売上高比率は3割を超える。また、国内ではユニクロのジーンズの約8割を担う。カイハラは、二度にわたる倒産の危機に直面した後デニムと出会う。そして、米国文化を象徴するデニムを地場伝統の備後絣の染色技術によって日本流につくり変えた。

Point
一気通貫に乗り出す

カイハラは1893年に備後絣のメーカーとして創業した。第二次大戦後は洋装化によって絣の国内需要が大きく落ち込み、最初の経営危機に直面した。その後、中近東のイスラム教徒が身につけるサロンの生産に活路を見い出したが、今度は中東イエメンの政情不安や英国ポンドの切り下げにより、再び経営危機に直面した。

そのようなとき、取引業者から「デニムの生地をつくれないか」という依頼が舞い込んだ。当時の日本はベトナム反戦運動や大学紛争が盛んで、反体制や自由のイメージをもつジーンズが若者の間で大流行していた。

デニムの製造には大手の紡績会社でも手を焼いていた。とくに、インディゴ染めの再現性が難しく、デニム特有の色落ちとなる糸の芯を染めない染色方法のノウハウがなかった。そこで、インディゴ染めと似た藍染めの技術を求めて、絣産地の藍染業者へ染めを依頼するようになった。

一番難しかったのは、染色とロープ状に束ねた糸を分ける工程です。アメリカでは糸をロープ状にして染色していましたが、日本には先例がありませんでした。そこで私どもは、伝承されてきた藍染技術を応用して、日本で初めてのロープ染色機をつくりました。絣は同じ柄のパターンの糸を数百本束ねて染めます。それを一本ずつに分けて、図柄通りに配列します。図柄通りに織りあげるため、織る前に十分に手間をかけるのです。こうした絣づくりの所作が、当社の安定した品質の源になっています（貝原潤司副会長）。

カイハラの技術力はリーバイ・ストラウス社に認められ、73年から取引を始めた。当時のリーバイは世界最大のアパレル企業で、カイハラはリーバイから工業化のシステムやノウハウを吸収した。リーバイは独自の業界でもっとも厳しい基準を設けており、カイハラはその基準をクリアするために品質の改善と安定に努めてきた。

ジーンズブームの波に乗り、倒産の一歩手前だった同社はV字回復を遂げたが、その背景には、品質に対する日本人特有の気質があったという。

世界で一番厳しい品質が求められるのが日本の市場です。布地にキズやシミ、色違いがあるとクレームになります。デニムを扱っていなかった市場で、汚れやシミは許されることではなかったのです。とくにジーンズは元来色落ちしてゆくものですが、その色落ち具合も均質に管理されたものが要求されます。そうした要求に合った品質を追い求めてきたからこそ、いわゆるジャパン・クオリティ、カイハラ・クオリティができあがったと思います。

デニムの染色からスタートして、川下の織布や整理加工、川上の紡績へと拡大した。これにより、紡績、染色、織布、整理加工の国内唯一のデニム一貫生産ラインが完成した。その設備投資に70年からの累積で800億円という膨大な額にのぼる（貝原良治会長）。これほどまでに同社が垂直統合にこだわったのは、伝統産業の特徴である分業の非効率を回避するためである。分業制は工程ごとに事業者間で製品が取引されるため、全体としてのコストが大きくなり時間のムダが生まれる。また、工程のどこか一つが欠けても生産が立ち行かなくなる。

とくに川上の紡績事業に乗り出したことについては、同業者から驚きをもって受け止められた。年間売上高の半分以上を投じた紡績工場が操業を開始したのは、紡績各社が軒並み海外に工場を移していた時期にあたる。地元からは、「これでカイハラは倒産する」とささやかれたが、「一貫生産ならば国内でも採算は合う」と投資を決断した。

カイハラデニムを使用したジーンズ（左からバイオウォッシュ・ストーンウォッシュ・ワンウォッシュ）

一気通貫の設備

紡績設備

ロープ染色機

織布設備

整理加工設備

サンプルルーム

Point

西洋文化と伝統技術を融合する

カイハラのイノベーションの本質は、米国文化の象徴であるデニムを日本流にアレンジしたことである。作業着のイメージをもつデニムに高級感をもたせたり、ファッション性や機能性を高めたり、デニムに新しい価値を組み込んだ。

デニムを始めてしばらくして、日本市場を意識したデニムづくりを始めました。糸にはオープンエンド糸（空紡糸）とリング糸（撚りこんだ糸）の2種類があります。アメリカのオリジナルデニムに使用されていた糸はオープンエンド糸です。粗野でガサガサした糸です。一方、リング糸はしなやかで肌触りの良い糸です。当社のデニムはアメリカのものとは一線を画し、日本市場に受け入れられやすいリング糸を使いました。

ジーンズは、1970年代から80年代まで厚地で硬い生地が使われていました。しかし、80年以降になると、柔らかく滑らかなジーンズが求められるようになりました。日本のデニムが最初に評価されたのはヨーロッパでした。リング糸のデニムは高品質で着衣しやすく、ヨーロッパの生活環境やスタイルに合いました。

デニムに合織を最初に取り入れたのもカイハラだった。綿糸の織りに合成繊維を入れることで、薄くて軽量な生地や伸縮性のある生地の開発に成功した。近年では、夏は涼しく、冬は暖かい機能性素材としてのデニムを開発した。米国ではジーンズといえば作業着のイメージが強いが、日本では生地のデニムをファッション性の高い新素材に変えた。

カイハラは、「本業重視」「継続的な商品開発」「責任ある商品づくり」にこだわる。本業重視とは、染色屋、機屋、生地屋のことで、縫製業には進出しない。

デニム事業でも藍染という染めがもっとも重要な工程で、当社の要になるものです。生地の出来の7、8割が染めで決まります。染めをやるから優位性が維持できるのです。それに加え、当社の紡績はデニムづくり専用の紡績です。紡績を自製したことで糸の品質管理ができるようになり、染色性も安定して糸切れも少なくなりました。その結果、後工程の品質も飛躍的に向上しました。

継続的な商品開発について、カイハラは年間に約1000品番もの生地を開発しており、このうちの200から300品番が商品化されている。

当社は、ジーンズメーカーの企画段階から参加しています。素材、織物、縫製、洗いのメーカーが、企画を持ち寄って合同ミーティングを行なっています。ジーンズメーカーの方針を聞いて、市場のトレンドに合わせて提案しているので採用率が高いのです。当社の売上のうち50%が新商品です。付加価値の高いデニムを提供できなければ、国内でつくっている意味はありません。

98年にカイハラは、ユニクロとの取引という大きな転機を迎えた。現在、ユニクロが販売するジーンズの約8割をカイハラが生産している。それまで、ユニクロのジーンズには1980円の価格がつけられていた。それに対して、カイハラ製デニムのジーンズには2980円の値段がつけられたため、社内からは「これで利益が出せるのか」という批判的な声が多く挙がったという。

しかし、国内の有名ジーンズメーカーが次々と姿を消すなか、ユニクロとの提携は経営の下支えとなり、カイハラはＳＰＡ（製造小売業）への供給比率を高めていくことができた。そして、このＳＰＡのビジネスモデルが合織メーカーとの連携につながった。

本来、デニムに合織は馴染まないものとされていたが、東レやユニチカなど、合織メーカーとの共同開発により、機能性デニムの領域に踏み出した。伝統技術に機能性素材を組み込むことで、デニムに新しい価値を吹き込んでいる。

3

筆八道具ナリ

（株）白鳳堂［広島県熊野町］

白鳳堂は、それまで化粧コンパクトの付属品に過ぎなかったメイクブラシを、「化粧筆」という市場に進化させた。穂先にこだわった化粧筆は、世界の一流メイクアップ・アーチストから高い評価を受け、今では海外での売上が７割を占める。徹底した分業体制、手作業と機械化の融合による高品質・量産・多品種生産の実現、そしてユーザーとの距離を短くするための直販体制を基本にしている。

Point

好況に流されない

広島市に隣接する安芸郡熊野町は、日本有数の筆づくりの里として知られている。1974年、そのような筆の里に髙本和男氏は白鳳堂を設立した。もともと髙本氏の実家は130年ほど続く熊野筆の製造を営んでいた。家業は2人の兄が継いでいたこともあり、三男の和男氏は大学卒業後に家業とは関係がない進路を選んだ。

しかし、その頃の日本は戦時中禁止されていた書道教育が復活し、児童数が増加するなかで毛筆や画筆の大量注文に生産が追いつかない状況が続いていた。そのため、髙本氏は家業を手伝うために実家に呼び戻され、筆づくりに携わるようになったという。

その頃は、目先の仕事をこなすのが精一杯でした（**髙本和男社長**）。

大量の注文をさばくため、多くの筆会社が簡略化と省力化を進めた。ひとつは「工程の簡略化」、もうひとつは「製品点数の簡略化」である。しかし、工程を簡略化したことによって、品質に劣った筆が大量に流通するようになった。また、筆という道具には、その用途によりさまざまな機能や特性が求められるが、製造に手間がかかり、販売数が少ない製品は生産されなくなった。次第に、「書けない筆」「塗れない筆」が増えていった。

品質の低下、生産技術の衰退、そして使い手との情報交換が少なくなり、先人が長い時間をかけて積み重ねてきた筆づくりの伝統が崩れかけていた。髙本氏が兄たちにそのことを話しても取りあってくれず、好況のさなかに軌道修正することは難しかった。そして「もう一度、道具として使える筆をつくりたい」という気持ちが抑えられなくなり、34歳のときに独立した。

ほとんどの伝統工芸で筆を使います。その当時から伝統工芸で使える筆がなくなってきたと言われ始めていて、実際に作り手であった私も品質が落ちているのを肌身で感じていました。筆づくりを考え直さなければならない。伝統工芸品の筆をもう一度復活させたいというのが、独立の大きなきっかけでした。

設立当初の白鳳堂は、漆器や陶器、人形や織物などの絵付け用の筆や、ポスターやデザイン用の筆など、職人やプロが使う高品質の筆を供給することを目指した。このような市場は、必然的に多品種少量生産になる。しかも低い価格が求められたので、採算が合わない仕事が多かった。仕方なく、生計のために化粧ブラシの製造も平行して行った。

化粧ブラシを製造しているうちに、「従来の製品では綺麗に化粧できないのではないか」と思うようになった。長年筆づくりに従事している経験から、従来の化粧ブラシの形状や品質では、上手く化粧できないことが容易に想像できた。書筆や画筆は用途により製法が確立されていたが、化粧用としての筆にはそのような製法はなかった。そこで、用途に応じた新しいタイプの筆を自らの手で開発し、これを髙本氏は「化粧筆」と命名した。

Point

工芸品ではなく道具をつくる

同社の経営理念、「白鳳堂のこころ」には次のように書かれている。

筆ハ道具ナリ
毛先を活かすのが「筆」
切り揃えるのが「ブラシ」
私たちが「筆」という言葉に
こだわる理由がそこにあります。

白鳳堂の筆が海外から高く評価されたのは、あくまで実用品としての品質や機能であったと思います。床の間に飾る美術工芸品としてではなく、その使い勝手の良さゆえに、日本の伝統技術を礎《いしづえ》として発展しました。筆は道具です。作り手の都合ではなく、使う側の要望を反映させなければなりません。家業から独立して理想の筆づくりを心に決めたときから、その気持ちだけは変わっていません。

自社ブランドの化粧筆を開発したが、化粧品会社や問屋は相手にしてくれなかった。「品質は良いが値段が高すぎる」「そのような企画はない」「この商品を扱えば化粧品会社からクレームがくる」など、商談すら拒否されることもあった。

国内をあきらめ、海外への販路を探し始めたとき、ニューヨークで活躍する日本人メイクアップ・アーチストの記事を雑誌で見かけた。面識はなかったが、その人に会うためにニューヨークへ飛んだ。彼女が愛用している化粧筆を見せてもらうと、そのほとんどが白鳳堂の製品だった。日本に帰国したとき、気に入った筆を買い求めていたそうだ。

その後、彼女から紹介されたカナダの化粧品会社を訪問した。サンプルとして持参した化粧筆のうち13種類が採用になり、納期2カ月で8万本という大量の注文を受けた。問屋や商社を通さないOEM（相手先ブランドでの製造）が始まった。すでに創業から20年が経っていた。

海外の有名ブランドとの取引がきっかけになり、その後は国内でも市場が広がり始めた。それまで化粧品の付属品に過ぎなかった化粧筆は、それ自体がアイデンティティを持った商品として認識されるようになった。

Point

手作業と量産化のトレードオフを解決する

創業以来、髙本氏は筆づくりシステムの改革に取り組んできた。化粧筆の製造工程は、原毛の調達、筆に向かない毛を選別する製毛、長さの違う毛や種類の違う毛を混ぜ合わせる混毛、毛先を切らずに筆先を整える製穂、金口に製穂した毛を差し込む毛植えなど、およそ7つの工程から構成される。ひと昔前は、職人が自宅で制作し、それを卸が集荷してメーカーに納めるという典型的な問屋制マニュファクチャーだったので、迅速な意思決定や一貫した品質管理は難しかった。そこで、職人を社員として雇用して、社内での筆づくりに取り組んだ。

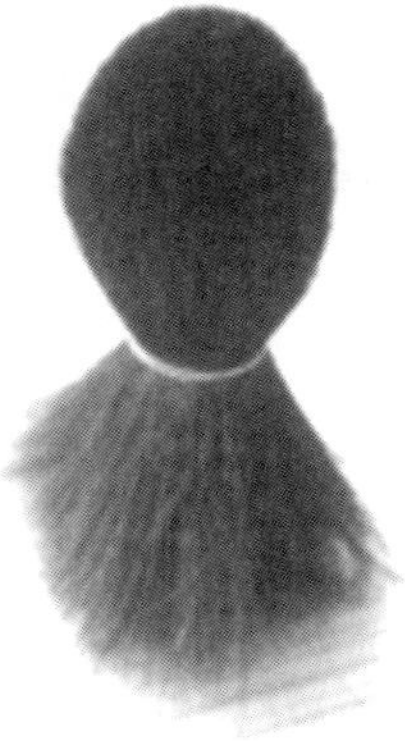

こだわりの筆先

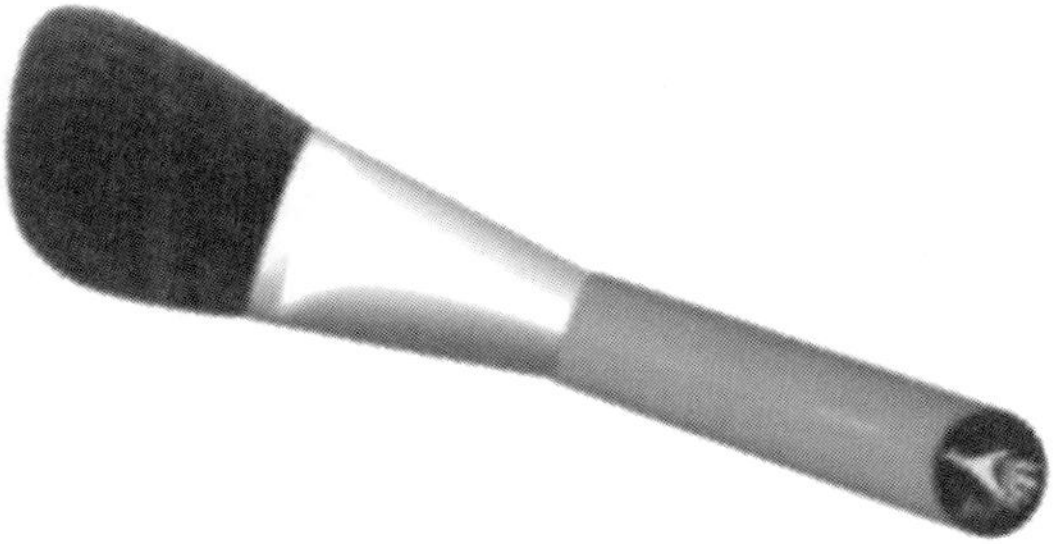

白鳳堂の化粧筆

とくに海外の化粧品会社との取引は、伝統的な製造方法を維持しながらも大量生産を実現するという、新しい取り組みについて考える糸口になった。いくら品質が高くても、それを求める顧客がいたとしても、非効率な少量生産では事業として成立しない。高品質な筆の大量生産という課題に対して、「生産工程の細分化」と「最小限度の機械化」にたどり着いた。

生産工程の細分化とは、工程を省略するのではなく、製造工程を細かく分けることによって、経験の浅い社員でも作業できるようにした。工程を細分化すれば、必要な技術を短期間で身につけることができる。そして、ある工程のスキルを身につけた社員は、次に別の工程のスキルを身につけるというように、多能な人材を育成することもできるようになった。工程を細分化することで、各作業工程の精度を高めるだけでなく、人材が流出しても自社の製造ノウハウを外部に持ち出せないというメリットもあった。

最小限度の機械化については、手作業と機械のバランスをとることで効率を高めた。化粧筆の製造工程でもっとも重要なのが、筆の使い心地を決める製穂作業である。コマと呼ぶ木製の筒の中に毛の先端を下にして入れ、一定の振動を与えると何万本もの毛先が簡単に円弧状に整う。同社はこの製穂を道具化したことで、高品質と大量生産のトレードオフを解決した。

その一方で、すべての工程において、まがった毛、逆毛、すれた毛を指先の感覚で一本一本丹念に取り除いている。量産化のためだけの省力化を見直し、整毛の補助機の開発などによって、職人の技を活用すると同時に、量産化にも対応できる筆づくりシステムをつくりあげた。

化粧筆は道具である。使う人の肌の状態、骨格、使っている化粧品、化粧品の仕方などに合った化粧筆を提案しなければならない。道具である以上、使う人のことを最優先するため、同社は年に数個しか売れない化粧筆もつくり続いている。

4

作り手は真の使い手であれ!

長谷製陶(株)[三重県伊賀市]

「今のライフスタイルのなかで、かまどで炊いたようなおいしいご飯を簡単に食べたい。」そのような消費者の想いを実現させた炊飯土鍋「かまどさん」は、発売以来75万個を超えるロングセラーとなり、最近では、電気と土鍋を合体した「かまどさん電気」が注目されている。「食卓は遊びの広場だ」を理念にかかげ、日本の食文化に貢献することを使命にする。

Point

工芸品の使い勝手を良くする

三重県伊賀地方の伊賀焼の発祥は、今から約1300年前の天平時代にまでさかのぼる。もともとこの地が琵琶湖の湖底だったことから、伊賀の土には遺骸が多く含まれていた。この古琵琶層と呼ばれる粘土質の土壌を高温で焼くと、遺骸の部分が燃えて空間ができる、いわゆる多孔質の特性をもっていた。

長谷製陶は、江戸時代後期の1832年に開窯した。近年は土鍋に加え、東京ドームや横浜国立競技場などの外壁材もつくっていたが、1995年の阪神・淡路大震災によって事業環境は一変した。タイルや瓦《かわら》は揺れを増長するとか、上から落下する危険があるという理由で、注文のキャンセルが相次いだ。

当時の売上げ構成は、タイルが7割で土器や茶器が3割でした。「長谷製陶はもう終わったなという声も聞こえてきました（8代目当主、長谷康弘社長）。

タイルが売れなければ、食器や調理器具でカバーするしかなかったが、伊賀焼は信楽焼や京焼、清水焼に囲まれていて、知名度で勝ち目はなかった。実際、同社は過去に信楽焼や清水焼の下請けに甘んじていたこともあった。

商品開発にあたって長谷社長の脳裏にあったのは、ある料理人の「伊賀の土でつくられた土鍋を使って料理すると、おいしくできる」という言葉だった。しかし、おいしいご飯が炊けたとしても、火加減の調整や吹きこぼれなど、土鍋を使った炊飯はとても面倒だった。取引先の銀行からは、「ボタン1つでご飯が炊ける時代に土鍋は売れないだろう」と言われた。

おいしいご飯を手軽に炊ける土鍋を開発するには、2つの課題を解決する必要があった。まず、火加減の調整である。手本は、「はじめちょろちょろ中ぱっぱ、じゅうじゅうふいたら火を引いて、赤子泣いてもふたとるな」にある。かまど炊きでは火加減の調整が大事であるために、主婦は土鍋のそばを離れることができず、家事の拘束時間が長くなる。

この問題は伊賀の多孔質の土が解決してくれた。厚みをもたせた土鍋を加熱すると、この孔が熱をため込む。そして加熱を止めると、時間をかけて食材の芯まで熱を伝えるので、理想的な蒸らしの効果が生まれた。このように、伊賀の土鍋にはすぐれた蓄熱性による遠赤外線効果があった。

もうひとつの課題は吹きこぼれだった。これは、上蓋と外釜の間に中蓋をつくったことで問題を解決した。この構造にたどり着くまでに1000個以上の試作品をつくり、ご飯を炊き続けた。そして3年以上の開発期間を経て、おいしさと利便性（火加減いらずで吹きこぼれなし）、しかも香ばしい「おこげ」もできる土鍋「かまどさん」が完成した。

Point

消費者の食卓に入り込む

高い価値の商品を開発しても、その価値を消費者に伝えなければ売れない。発売を始めた2002年はほとんど売れなかった。伊賀焼の知名度は低く、どこの売り先でも門前払いだった。その頃の同社には営業にお金をかける余裕もなかった。ところが、翌年放送されたNHKの番組「今日の料理」で「かまどさん」を使った料理が放映されると、堰を切ったように問い合わせや注文が舞い込んだ。

爆発的なヒットの反面、長谷社長は「お客様は本当に喜んで『かまどさん』を使って下さっているのか?」「あっという間にブームが終わるのではないか?」という不安を抱いていた。購入者にアンケート調査を実施したところ、「おいしく食べている」が9割、残り1割は「使っていない」という結果だった。使っていない理由の多くは、「使い方が分からず、おいしく炊けなかった」「上蓋や中蓋を割ってしまった」というものだった。そこで、より分かりやすい説明書に変えた。上蓋や中蓋を割ってしまった顧客には蓋だけの販売を始めた。

「かまどさん」は手づくりのため、同じサイズのものでも蓋の大きさは微妙に異なる。購入の希望者には自宅の土鍋の直径を測ってもらい、同じ大きさのものを発送した。手間はかかるが、「かまどさん」の顧客を大事にしたいという気持ちからだった。

同社は、炊飯や燻製《くんせい》など、用途に特化した「機能土鍋」と呼ばれる商品開発を得意としている。機能土鍋は、それぞれの使用方法に合ったやり方で調理すると手軽においしい料理がつくれる。その調理方法や土鍋の使い方について、多くの質問や相談が寄せられるようになった。同社はそのような顧客の声を商品の改良や次の商品開発につなげている。

商品を通して顧客とのコミュニケーションを大切にしています。お客様の声が新製品のヒントになることもあります。陶器は磁器よりも吸水性が高いため、割れやすく扱いにくいというご指摘を受けることがあります。そこで、陶器は吸水性が高いという特徴をプラスに転換できないか考え、電子レンジ用の調理道具を開発しました。逆転の発想です。何も入っていない陶器を電子レンジにかけても熱くなりませんが、水分を含むと熱くなります。この陶器と電子レ

長谷製陶の 16 連房旧登り窯
（登録有形文化財）

かまどさん

卓上グリル「やきやきさん」

ンジの特性を利用して、電子レンジ用の蒸し鍋を開発しました。蒸籠《せいろ》で蒸すのと同じ原理です。たとえば、電子レンジ用の炊飯土鍋「陶珍かまど」をはじめとした陶珍シリーズ（電子レンジのチンという音の語呂合わせ）を開発しています。

同社の創業理念は「作り手こそ真の使い手たれ！」。この理念を「用・美・楽」という言葉で表現している。「用」と「美」は、道具として使われるもので、しかも美しくあること。これは民芸の原点ともいえるもので、「日々の暮らしを楽しくするものをつくりたい」という願いが込められている。同社の商品には、食卓を楽しく演出する役割がある。

今、食育が注目されています。当社では、食卓、団らん、しつけの場づくりを「卓育」と言い換えています。日本に古くから伝わる食文化や慣習へのこだわりを持って、お客様が笑顔で団らんできる場面づくりも、私たちの大事な仕事です。そのためには、変化する消費者のライフスタイルの中にもっと入り込むことが必要です。

5　七尾でパリコレの生地を織る

天池合織（株）〔石川県七尾市〕

2010年の第67回ゴールデン・グローブ賞で、女優のサンドラ・ブロックが「The Blind

Side」（邦題＝しあわせの隠れ場所）で最優秀主演女優賞を受賞した。晴れの舞台に彼女が選んだ衣装は、ボッテガ・ヴェネタの２０１０年春夏コレクションのパープルのロングドレスだった。このドレスの生地には、天池合織が織った「天女の羽衣」が使われていた。

「天女の羽衣」は、超極細のポリエステル糸から織り出した超極薄生地である。原糸は7デニールで直径は髪の毛の5分の1しかない。重さは1平方メートルでわずか5グラム、衣料用繊維としては最高水準の薄さと軽さを誇る。世界のラグジュアリーブランドから「アマイケ・スーパーオーガンザ」と命名された生地は、アルマーニやルイヴィトンなどの一流ブランドに採用されている。

Point

中小企業にとって海外市場は近くにある

天池合織は現社長である天池源受氏の父、誠一氏が１９５６年に創業した。天池氏が入社した82年当時の景気はそれほど悪くなかったが、その後、需要の減少や価格競争によって経営環境は厳しくなっていった。

危機感を募らせていた頃、大手繊維メーカーから7デニールという超極細の糸が持ち込まれた。用途は産業用資材としか教えてもらえなかった。同社にこの依頼が持ち込まれたのは、すでに15デニールという極細糸を織る技術をもっていたからである。

「この細い糸を織ることができれば、下請けから脱皮できる」と期待したが、7デニールの糸を織る技術開発は困難をきわめた。運ぶだけで切れ、触っただけで切れた。上手く針に糸を通して機械で織ろうとしても、機械を動かすたびに切れた。切れたから機械を止めると、その振動で他の糸もブツブツと切れた。

専用の機械の開発が必要だと痛感し、自分で図面を引き、鉄工所に通い、既存の機械を繰り返し改良した。そうするうちに社員の技術力が高くなり、一年後にようやく超極薄糸を織ることができるようになった。

ポイントになるのは人です。この糸の扱い方です。何せ糸に力をかけられない。縦糸をかける作業だけでも一苦労。普通は半日で縦糸をかけることができますが、最初は一カ月もかかりました。かけた糸を機械で回転させるのですが、すぐに切れてしまうので切れない回転数を探します。織り上がった後も糸がよれてしまう。いかに糸に無理をさせないかをみんなで考えました（天池源受社長）。

しかし、糸を持ち込んだメーカーが経営破綻によって別会社に譲渡された。予定していた産業資材の仕事は継続できたが、譲渡先から工賃を半額にすると通告された。これでは設備に使った借入金を返済できず、天池氏は頭を抱え込んだ。

二次倒産の恐怖を感じながら切羽詰まった気持ちで織り上げた布を見ていると、肌触りは絹のように滑らかで光沢も美しかった。そのとき私は、衣料用として自社で売り出すことで活路を拓くしかないと直感しました。

今まで下請けの仕事ばかりだったので、どこに声をかけたらいいのか、どのように売れば良いのか見当がつかなかった。ともかく、織り上げた薄い生地のサンプルを抱えて、国内のメーカーや問屋に持ち込み、あらゆる展示会に出品した。

すべての商談相手が生地の薄さと軽さに驚いたが、商売に結びつくことはなかった。問題は価格の高さだった。織り上げた生地の価格は、通常の10倍以上でないと採算が合わなかったが、国内の卸売り業者からは「半値にしなければ使えない」と言われた。国内での営業に行き詰まっていた頃、石川県の繊維組合「繊維リソースいしかわ」からジェトロ大阪主催のミラノ展示会への出展をすすめられた。

渡航費を使って売れなければアウトだなと、背水の陣の思いで出展を決意しました。ジェトロの展示会ですから、きっとすごいところなんだろうと思っていたのですが、博物館の一角を借りた小さな会場でした。

展示会に出展したのは12社、2日間の来場者はわずか6人だった。途方に暮れながらの帰国だったが、しばらくして名刺交換したアルマーニの担当者からコレクション用のサンプル生地の注文が舞い込んだ。その後もミラノの展示会に参加して、少しずつ得意先を増やしていった。

今では、「天女の羽衣」はパリのオペラ座の舞台衣装にも採用されている。

たまたまパリのジェトロが入居しているビルの1階で展示会をしていました。そのときジェトロ職員の方が、「これ、オペラ座で使ってくれないかな?」と言って、オペラ座に電話してア

ポイントをとってくれました。オペラ座のマドンナが新しくなって、それに合わせて新しい衣装を探していたようでした。その日のうちにジェトロの方とサンプルを持っていくと、生地の薄さと軽さに担当者が驚いて、他の担当者も呼んでくれました。「これはすばらしい！　ぜひ採用したい」と即決でした。今ではオペラ座に「アマイケ・テキスタイル」というロッカーが置いてあって、新しいものができると定期的に送っています。

Point

プレミアブランドのパートナーになる

これまでを振り返り、天池氏は製造とブランディングの両輪経営の重要性を強調する。

日本は高品質なものを量産することで存在感を示してきましたが、このビジネスモデルは新興国に移ってしまいました。この流れに歯止めをかけるのがブランディングです。そのためには、自社でしかできない付加価値の高い製品を必死になってつくり続けていくしかありません。

もうひとつは一貫体制です。日本の中小企業はそれぞれ成熟した高い技術をもっています。そこの発想や視点を変えることでチャンスが生まれます。超極薄細糸を織れる業者は世界に数社しかなく、織りから染色、縫製まで手掛けているのは当社だけです。少し前まで下請けだった会社でも自立できるのです。

欧州の一流ブランドとの取引は容易ではない。しかし、彼らに価値が高いものを提供できれば、規模、知名度、実績に関係なく、対等のビジネスパートナーとして扱ってくれた。

「天女の羽衣」のサンプル

国内では、商談相手から価格と実績のことばかり聞かれます。「値段はいくらですか?」「半値にできますか?」「どこかに使われていますか?」。新しいものをもってきているので、実績などありません。生地が良いとも悪いとも言ってくれません。半値にすれば、どのくらいの量を買ってくれるのかも教えてくれませんでした。

日本とは対照的に、欧州の有名ブランドは「すでに誰かが使っているものはいらない」という方針だった。

彼らは価値を認めると、すぐに独占契約の話に移ります。そのことが、もっと良いもの、もっと新しいものをつくろうというモチベーションになります。そして、欧州での仕事のやり方とか、これからのトレンド、わが社への要望など、いろいろと勉強させてくれます。もちろん厳しいことも言われます。新しいものがなければ来なくていいよと言われたこともあります。

天池の生地は、一着100万円を超える高額なオートクチュール(高級注文服)に使われることが多く、常に新しいデザインや素材が必要とされる。加えて、同社の製品は顧客の細かな要望に応えることが求められる。当初、海外の顧客と取引には商社を通していたが、ジェトロの講習会に何度も足を運び、貿易に関する知識やノウハウを学んだ。

これまでの経験から言えば、私たちのような中小のモノづくりは日本国内よりもミラノやパリとの相性が良いみたいです。

6 まとめ：事業領域を再定義する

Point

伝統を現代に活かす

これは坂本乙造商店の経営理念である。伝統工芸品が本来もっている価値は機能である。そして機能を徹底的に磨きあげたことで、「日常的に使うもの」から「飾るもの」「観るもの」になった。その結果、伝統工芸品の市場は広がりを失った。

芸術品になると、使い手側よりも作り手側の都合や理屈が優先される。「漆器はスポンジで洗ったり、食洗機にかけたりしてはダメ」「鉄器は使うたびにしっかり乾燥させないと錆びる」など、消費者の使い勝手は悪い。しかし、本章のミッションコア企業の視点は、作り手側ではなく使い手側にある。白鳳堂は道具としての化粧筆にこだわり、使う人の骨格に合った化粧筆を提供する。長谷製陶は消費者の使い勝手を最優先して、手間がかからず、短時間でおいしい料理ができる道具を提供する。ＩＨに対応した土鍋や電子レンジ用の陶珍シリーズなど、現代の消費者の生活に合った商品開発を進めている。

伝統工芸の国内市場が衰退するなかで、再生の突破口になるのが事業領域の見直しである。

坂本乙造商店は「漆器問屋」から「漆の加工技術を現代の工業製品の中に表現する会社」へと進化した。カイハラは「備後絣」から「独自のバリューチェーンによる最高品質のデニム」へ、白鳳堂は「ブラシ」から「筆」へ、そして長谷製陶は「民芸品」から「日用品」へと事業領域を変えている。

事業領域の再定義については、「住宅用のタイルメーカー」から「歴史的建造物の外壁を復元する会社」へと変身した（株）アカイタイル（愛知県常滑市）の事例が興味深い。同社は1955年の創業以来、地元で採れる粘土を使って床タイルを製造していた。しかし、床タイルの需要は下火になり、しかも中国から安いタイルが大量に入ってきた。厳しい経営環境のなか、創業者の孫にあたる赤井祐仁氏が入社した。

2001年、東京駅前にある日本工業倶楽部会館の外壁タイルの汚れを再現してほしいという依頼が舞い込んだ。汚れ、経年劣化、色合いなど、顧客の要求水準はとても高く、試作から完成まで1年かかった。この仕事をきっかけに、両国国技館、東京丸の内駅舎、東京中央郵便局（KITTE）などの歴史的建造物の外壁復元を手がけるようになった。

これらの経験を経た同社は、新たに「復元屋」プロジェクトを立ちあげた。そして従来のタイルメーカーから、「老朽化した歴史的建物のタイルを、元の質感・風合いに再現すること」に事業領域を変えた。これまで培ってきた技術によって、外壁の修復にとどまらず、その建物の歴史や景観、その場所への人々の想いや思い出を未来に残すことを会社の使命にした。

事業領域を変えると、それに伴ってチャネルや顧客が変わる。従来、工芸品や特産品は、商社や問屋を経由して全国の販売店に流通されてきた。たとえば、漆器や陶器は、産地卸から全国の卸を通して百貨店や専門店で販売されてきた。それに対して本章のミッションコア企業は、これまで顧客だった販売店や問屋からブランドホルダーへの直販に変えた。販売店や問屋にとって伝統工芸は、調達先や下請けに過ぎないが、ユニクロやリーバイのようなアパレル企業にとってのカイハラ、プレミアブランドにとっての坂本乙造商店、白鳳堂、天池合繊は単なる調達先というよりも、お互いに価値を高め合うパートナーである。日本の伝統産業が進むべき一つの道は、海外企業とのパートナーシップにあるのかもしれない。

ただし、歴史ある伝統工芸の製造方法、チャネル、用途などを変えようとすると、社内や社外から反発を受けることがある。「これは絣ではない」「もはや漆器とは呼べない」という不平や不満は想像以上に大きい。坂本乙造商店はダンボールに漆を施したり、刷毛の代わりにスプレーを使用したりするなど、これまでの漆の慣習や常識を変えようとした。すると、職人をはじめ、古参の社員から猛烈な反発があったという。カイハラがデニムに事業を絞り込み、絣から撤退しようとしたときも社内から抵抗があったそうだ。

それに加え、伝統工芸品は、備後絣や久留米絣のように産地名＋製品名で表記されるが、工業製品になると地名は消える。また、伝統工芸には作者の「銘」を記すこともあるが、工業品や日用品に銘は不要だ。伝統的なやり方を変える、地名をなくすなど、変化に対する心理的な葛藤や周囲からの反発は大きい。

Point 垂直統合にこだわる

伝統工芸の多くは、製作工程ごとに専門の職人が担当する分業体制になっている。漆製品は、素地づくり、塗り、加飾などに分けられている。仏壇は、木地、宮殿、彫刻、金具、塗、蒔絵、箔押し、組立に分かれているそうだ。

分業のメリットは専門の特化にある。高い専門性をもった職人や匠が各工程を担当するので、高品質な製品の生産を可能にするが、工程のどこか一つでも欠けると分業は成立しない。しかも、各工程の良し悪しは担当する職人の腕前で決まる。

それに対して、ミッションコア企業は、高品質と効率化を両立させるために各工程の統合や調整にこだわる。伝統工芸はもともと技術や製造を専業にするが、提供価値をモノからライフスタイルやファッションといったソフトに変えると、マーケティングや販売の視点が不可欠になる。

ただし、製造とマーケティングを両輪とした経営には大きなリスクを伴う。たとえば、製造とマーケティングでは必要とされる経営資源やノウハウが大きく異なるため、メーカーがブランディングや流通に進出して失敗した事例はいくらでもある。

これまで日本企業は高い技術力によって世界の製造業を席巻してきた。これは、日本人が伝統的にもつ気質が、高品質のモノづくりを可能にしてきたからである。しかし、経済の成熟化、ライフスタイルの変化、新興国から追い上げを受けている状況において、モノづくりだけで将来を切り拓くのは難しい。技術や製品の価値をどのように高めるのか、経営者の腕前が問われている。

Point

受容能力を高くする

いくつかのミッションコア企業は、欧米の技術やビジネスモデルを日本流にアレンジして、海外に逆展開している。このように他国や他業種からノウハウを取り入れて、それを自分たち流に解釈して独自に進化させる能力を受容能力という。

カイハラは米国生まれのジーンズを日本流にアレンジした。もともとジーンズは生地が厚く粗いので、作業着として使われていたが、同社は粗野なイメージをもつジーンズにファッション性や機能性をもたせることで欧州市場に展開している。

また、白鳳堂は、化粧コンパクトの付属品に過ぎなかった化粧ブラシを、化粧品の本来の機能を引き出す「化粧筆」に進化させた。今や白鳳堂の化粧筆は、世界のメイクアップ・アーチストにとって無くてはならない存在になった。カイハラや白鳳堂の事例は、海外生まれの商品と日本の伝統技術を組み合わせることで、新しい付加価値を生み出す可能性を教えてくれる。

文化人類学者で著書『タテ社会の人間関係』（講談社現代新書、１９６７年）で知られる中根千枝氏は、日本がもつ受容能力の高さについて次のように述べている。

古くから日本は、大陸、とくに中国からの文化の影響を強く受けました。近代に入ってからは、西洋文化をどんどん吸収しました。受容能力はきわめて高いものがあります。しかし、中国から文化を受けたからといって、日本の一部が中国式になったり、西洋の文化のせいで西洋と同じようなものが日本にできるわけではありません。中国文化や西洋文化をいつも日本化してしまうのが特徴です。その意味で日本的な母体の強さは、相当のものといえましょう[2]。

先進国や先進業界の事例を自社のビジネスモデルに取り込むことも、これからの事業環境においてとても大事な能力になる[3]。

［注］

1　伝統的工芸品産業振興協会のサイト（http://kougeihin.jp/association/state/）。

2　中根千枝「国際社会の中の日本文化」『英語で話す「日本の文化」』ＮＨＫ国際局文化プロジェクト編、講談社バイリンガル・ブックス、１９９７年。

3　ジョージ・Ｓ・デイ＆ポール・Ｊ・Ｈ・シューメーカー著、三木俊哉訳『強い企業は周辺視野が広い』ランダムハウス講談社、２００７年。

第4章

地域に寄り添う

富山和彦氏の著書『なぜローカル経済から日本は甦るのか』によると、日本の経済圏には、自動車業界やエレクトロニクス業界のように世界中の企業と競争を繰り広げる「グローバル経済圏」と、事業活動が地域内の経済圏で完結する「ローカル経済圏」があるという[1]。ローカル経済圏では、交通機関、医療、介護、教育、宿泊、小売りのような地域に密着したサービス産業が中心になる。これらは基本的に労働集約型のため、規模の経済性や情報通信による効率化は難しい。

しかし、ローカル経済圏の産業にあって、これまでの常識を否定することによって、創造的なビジネスモデルを生み出す企業も少なくない。たとえば、路線バスやタクシーを軸にして交通インフラを構築したり、高齢者が殺到するデイケアサービスを生み出したり、地域のスーパーを生活インフラの拠点に変えたミッションコア企業がある。

ローカル経済圏の産業ひとつが地域の銘菓である。全国の由緒ある銘菓のなかでも、京都を代表するお菓子「八ツ橋」は全国的な知名度を誇る。その元祖が、1689年創業の(株)聖護院八ッ橋総本店である。同社は京都のお土産や贈答品という用途にとどまらず、地域住民から日常的に食される菓子をつくり続けている。

現在の日本の箏《こと》の基礎をつくりあげたことで知られる八橋検校《やつはしけんぎょう》は、没後、黒谷の金戒光明寺に葬られた。その死を悼み、多くの人が墓参に訪れたという。そして、検校を慕う門弟たちが琴をかたどった菓子を黒谷の参道で売り出したのが、八ツ橋の始まりといわれている。

本店の外観

nikiniki の菓子「ポム」

八ッ橋

同社が創業当時から守り通しているのが、「おいしさ」へのこだわりであり、このこだわりを表現したものが、経営理念の「味は伝統」である。この理念を守るため、いつの時代でも一番おいしい八ツ橋をつくり続けている。

元禄時代に創業した老舗ですので、「江戸時代と同じ味ですか?」と聞かれることがありますが、そうではありません。江戸時代と今では味覚が違うので、当時おいしかったものが、今もおいしいとは限りません。嗜好は緩やかに変化していますので、味そのものだけではなく、召しあがったときに「おいしい」と言っていただけるお菓子であり続けたいという私たちの気持ちを、「味は伝統」に込めています（専務取締役、鈴鹿加奈子氏）。

同社は、100年ご愛顧いただく自信のある商品しかつくらない。だから商品の種類を絞り込む。味と同じように大切にしているのが、地元京都との関わりである。聖護院という地域に支えられて320年続けてこられた。この地域を大切にして、近隣の人たちが過ごしやすく活気が溢れるよう心掛けることも、会社の使命だと考えている。

八ツ橋はよく知られたお菓子だが、京都の人は意外と口にしない。そこで地元の人にもっと手軽に食べて欲しいという想いから、新ブランドnikinikiを立ちあげた。現在、四条店と京都駅店の2店舗で営業しており、ケーキ屋さんと同じような感覚で商品を選ぶことができる。ただし、使用している材料や配合は聖護院八ッ橋総本店と同じものだ。

可愛いデザインと色鮮やかな色彩のnikinikiのお菓子は、一見アート作品のように見える。

大人気なのは季節のフルーツのコンフィなどを包む「カレ・ド・カネール」で、ニッキの香り、生八ツ橋の食感、端々しいコンフィという、和菓子でありながら洋菓子の感覚を持ち合わせている。「続いていくということ。続いてきたということ。」同社の経営をみると、継続という意味の深さを考えさせられる。

1 赤字路線バスを立て直す イーグルバス(株)〔埼玉県川越市〕

国土交通省の調査によると、平成27年度の全国の一般乗合（路線）バス事業者（保有車両30両以上）は民営と公営合計で248社あり、その65%が赤字経営である。そして事業者を大都市部とその他都市部に分けると、赤字の割合はそれぞれ28%と83%になる。その影響もあり、平成18年度から26年度までの9年間で、1万4800キロのバス路線が廃止になった。交通弱者の足がなくなると同時に、高齢化と人口減少が進む地方の路線バス事業の経営はますます厳しくなっている。

そのような厳しい事業環境の中で、イーグルバスは苦境に立つ路線バスをマーケティングや経営工学の手法で再生している。同社は大手バス事業者が撤退した赤字路線を引き継ぎ、運行データ、乗降客数、コストを「見える化」することで、乗客数の増加やコスト削減を実現している。

Point バスの運行を「見える化」する

イーグルバスは１９８０年に創業、現社長の谷島賢氏は父親が始めた旅行業を継承した。民間企業の送迎事業を経て、90年に観光バスの市場に参入したが、バブルが崩壊すると仕事が激減して、独自に顧客を開拓する必要に迫られた。同社の５つの経営理念のひとつである「創客」という言葉は、このときに生まれた。

１９９２年は川越市の市制施行70周年にあたり、蔵街の電線地中化工事が完了するなど、川越市が観光に力を入れ始めた年でした。そこで地元で「はとバス」のようなことをやろうと思い、「小江戸ばす」という団体貸切バスツアーをつくり、宣伝をテレビＣＭで流したところ大きな反響がありました（谷島賢社長）。

バブル崩壊後には、費用が安く、距離が近く、日程が短い「安近短」の旅行ブームに乗った。今までのバスツアーの概念を破り、「お客様の町まで送り迎えします」「専門観光ガイドが案内します」「食事も選べます」を謳い文句にした。そして最低催行人員を当時一般的だった30人から15名にするなど、徹底的な顧客視点のバスツアーを企画した。その後、個人観光客のための川越の観光地を結ぶ「小江戸巡回バス」の運航を始め、レトロなボンネットバスを導入した。

このことが多くのマスコミに取りあげられ、ボンネットバス目当てに川越に来訪する観光客が増えた。

その後、同社は過疎地の路線バス事業に参入した。２００６年に大手バス会社が撤退した埼玉県日高町の路線を引き継いだが、公共交通の路線バスと観光や送迎のバス事業では、ビジネスモデルがまったく違うことを思い知った。観光バスや送迎バス事業は、顧客との契約で運行するので収益は安定するが、路線バスは1年３６５日決まった時刻に運行するので、乗客数に関係なくコストが発生する。いくらの売上になるのか、どのくらいの利益になるのかは事前に予測できない。

なぜ路線バス事業が改善できないかというと、見えない事業だからです。バスがいったん車庫を出ると、何人乗車しているのか、定時運行できているのか分かりません。そこで当社が始めたのが、路線バス事業の見える化です。まず、きちんと時間通りに走っているのか、何人乗車しているのかを見えるようにしようということです。

バスの乗降口に赤外線センサーを取り付け、乗降数情報とＧＰＳによるバスの位置情報や時間情報を把握した。その結果、バス停別の平均乗降人員のレポートシステム画面をみれば、利用されていない停留所が分かるようになった。また、バスの遅延時間画面では、計画時刻（ダイヤ）と実際の到着時間との差異が分かるようにした。

次に、顧客ニーズの見える化にも取り組んだ。はがき式のアンケートを車内に置き、これを毎日集計している。さらに1年に一度実施するダイヤ改正後には評価アンケートを実施し、3年毎に地域住民の生活行動の変化や意識についての調査を行なっている。

バスの運行コストも見えるようにした。従来の原価計算の単位はバス1台あたりだったが、1分1キロでコストを集計・管理できるようにした。路線バスのコストは乗客がいなくても発生するので、1分1円のコスト削減でも365日に換算すると莫大な金額になる。

さらに、PDCA（計画→実行→評価→改善）サイクルを使った改善過程の見える化にも取り組み、改善のプロセスを体系化した「路線バスダイヤの最適化システム」を開発した。

Point

路線バスを軸に街をつくる

イーグルバスは、観光資源を活用することによって、路線バスに客を呼び込んでいる。過疎化が進む埼玉県比企郡ときがわ町が、その舞台になっている。こうした地域のバス利用は通勤や通学がほとんどで、昼間のバスは空気を運んでいるようなものだ。

一方、観光客が利用する時間帯は、平日の日中や土日といった通勤・通学とは逆の時間帯である。町に観光客を呼び込み、路線バスを使ってもらうことができれば、バスは地域住民の利便を損なわずにすむ。実は、過疎地の方が観光資源はたくさんある。

ときがわ町の路線バスの運行本数は不十分だったが、車両や運転手の数を増やす余裕はなく、限られた車両数と人員で輸送量を増やす必要があった。そこで、町の中央部にバスセンター（ハ

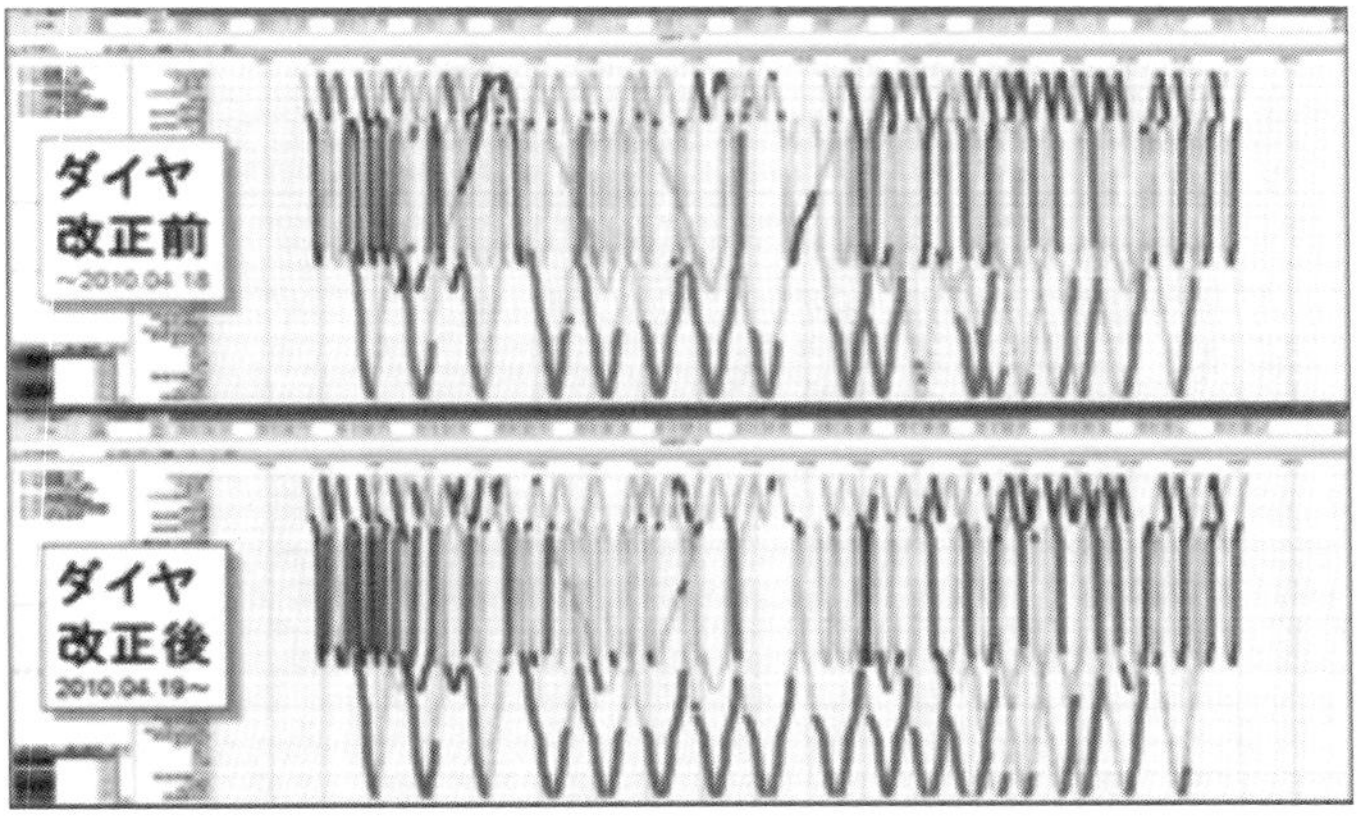

路線バスダイヤの最適化システム画面

「ハブ」となるせせらぎバスセンター

ブ）を設け、乗客をいったんバスセンターに集め、本来の目的地に向かうバスに乗り換えることで、輸送量を増やすことができる「ハブ＆スポーク」のアイデアを思いついた。町内にある3つの鉄道駅からバスセンターまでの路線も見直し、鉄道とのアクセスを改善してバスセンターから高齢者の住む集落や観光地への路線も新設した。

さらに、バスの予約システム「ときがわ式デマンドシステム」も導入した。これはバス停から離れた山間地にサブ停留所をつくり、電話予約した利用者をワゴン車でサブ停留所からバスセンターまで運ぶという取り組みである。

このようなイーグルバスの取り組みについて、谷島氏は次のように述べている。

東日本大震災で、当社は創業後はじめて燃料不足で運休するという経験をしました。物流が止まると、燃料だけでなくあらゆるものが止まってしまうことが分かりました。そして、社会というシステムを支えているのが企業であることを改めて認識しました。企業が社会的な責任を果たさないと、社会そのものが成り立たないということです。

一方で、今度は地域に必要とされる企業かどうかが、企業の発展の条件になります。単なる観光バス会社では、明日倒産しても誰も見向きもしないでしょう。地域のインフラを支えている企業として、地域にとってなくてはならない存在であれば、地域から生かされると思うのです。地域に必要とされる企業になることが、企業を継続的に発展させていく究極の経営戦略ではないかと思います。

2

乗った人を幸せにするタクシー
中央タクシー(株)〔長野市〕

テレビ東京の番組「カンブリア宮殿」で、作家で司会を務める村上龍氏は中央タクシーを「幸福の象徴としてのタクシー」と呼んだ。同社の経営理念は「お客様が先、利益は後」。顧客第一主義を徹底させ、「待ってでも乗りたいタクシー会社」として苦境にあるタクシー業界の中で傑出した業績をあげている。「お客様の人生のお手伝い」を目指して、タクシーという業態を超えた「空港便」「家からの旅」「長野駅からの旅」などのユニークなサービスを展開している。

Point

タクシーをサービス業にする

中央タクシーは、駅やホテルのタクシー乗り場で乗客を待ったり、街中を流して飛び込み客を探したりすることはない。お客様から電話で配車依頼を受け、お客様が指定する場所へ駆けつけるサービスを行っている。平日の午前中など、配車を希望しても30分や1時間待ちはいつものことだが、それでも乗りたい客が大勢いる。「町の中を中央タクシーが走っているのを見るとホッとする」「朝一番に中央タクシーに乗ると一日気持ちがいい」などという得意客もいる。

とくに、交通弱者と呼ばれるような身体障害者の方からは、中央タクシーがなければ困ると

いう声をいただいています。ときに生きる力が萎え、生きることを煩わしく感じることがあります。そんなとき、中央タクシーに乗って乗務員の温かな接客や人柄に触れると、生きる力を取り戻すことができるというのです。そういうお礼のお便りを頂戴したときは、この会社はもはやタクシー会社ではないと感じます。仕事を通してお客様の人生に触れ、お客様の人生を守る職業になっているのだと（宇都宮恒久会長）。

宇都宮氏が中央タクシーを創業したのは１９７５年、28歳のときだった。経営者も従業員も、やりがいを感じる理想のタクシー会社をつくろうという想いだった。当時のタクシーは、乗客がお客様だという意識はなかった。夏場はシャツ一枚にサンダル履き、くわえタバコ、挨拶しないどころか敬語も使わない。安全運転という意識も薄かった。

同社を創業して間もなく、ＭＫタクシーの創業者である青木定雄氏に教えを乞い、お客様目線に立ったサービスを次々と導入した。たとえば、お客様が乗車したときに自己紹介をする。お客様の乗降時に自動ドアを使わず、乗務員がいったん下車してドアを手動で開閉する。お客様が雨に濡れないように傘を差し掛けるといったことである。しかし、創業当初はまったく成果がなかった。というのも、どんな良いサービスや取り組みを導入しても、乗務員がまったく協力しなかったからだ。

タクシー業界の常識は世間の非常識、というのがかなりあると感じました。私は時間をかけて社員を入れ替えようと決め、78年頃から業界未経験の採用に踏み切りました。濁ったコップの水をきれいにしていくために、真水を注水し続けたのです。今では、お客様にもわが社のサービスを理解していただけるようになり、電話での配車率が全体の9割になりました。また乗務員の定着率も向上しました。一般にタクシー会社というのは離職率が高く、人の出入りが激しい業界ですが、わが社では定年前に辞める乗務員がほとんどいなくなりました。

Point

会社の誇りはお客様からの感謝

中央タクシーでは、顧客サービスについて語り継がれているエピソードがある。

たとえば、地元の幼稚園から病院へ女性客をお送りしたとき、乗客は自分が財布を持っていないことに気づいた。「財布を落としたみたい」。中央タクシーの運転手が、車内のどこにも財布がないことを確認した後、乗客に「お代はいつでも結構です」と伝えた。とりあえず病院で用事を済ませるよう促し、乗務員は幼稚園に引き返した。幸いにも幼稚園の入り口と乗車場所の間に財布があるのを見つけ、運転手は病院まで届けたことがあったという。

またあるときは、お客様が車内で気分が悪くなりおう吐した。この乗客がホテルで降車した際に「申し訳ありませんが、汚れたセーターは処分してください」と乗務員に頼んだ。しかし、乗務員は自宅で洗濯して翌朝ホテルのフロントに届けた。

さらに、長野から成田空港へ向かう「空港便」で、乗客が自宅にパスポートを忘れたことに気づいたことがあったが、そのときパスポートを取りに引き返す時間的余裕はなかった。そこで、知らせを受けた本社の社員がお客様の自宅までパスポートを取りに出向き、後発の「空港便」で運んだといった話もある。

これらのエピソードにみられるように中央タクシーでは、すべてのことがお客様最優先で、そのためであれば売上や利益を後回しにする。このような取り組みを積みあげることによって、経営理念に魂を吹き込み、社員のやる気を高めている。

業務中に起こりうるさまざまな状況への対応方法はマニュアルには書かれていない。そもそも中央タクシーにマニュアルはなく、すべて乗務員の判断であり、その判断のより所は経営理念にある。


わが社の理念は「お客様が先、利益は後」というものです。文字通り、お客様にとってなくてはならない存在であり続けたいとの願いを込めました。そして、私は「社風＝理念」と考えています。わが社には、売上目標など数字の管理や目標設定はありません。数字で人が働くのではなくて、社員は社風で働くものだと思っています。言い換えれば、理念が現場にそっくり存在しているという状況にしなければいけません。


中央タクシーでは、経営理念を頂上として、憲章、目的と使命、考動指針、基本動作が決められている。経営理念の「お客様が先、利益は後」では、お客様と利益について明確に定義している。

憲章の冒頭には、「我々は、長野・新潟・群馬・埼玉・山梨県民の生活にとって必要不可欠であり、さらに交通弱者・高齢者にとってなくてはならない存在となる」と書かれている。この憲章は、長野冬季五輪のときの同社の対応に現れた。

オリンピックには世界各国のメディアが集まりますので、タクシー会社にとってはまさに特需です。オリンピックの期間中、外国のメディアの多くはタクシーを借り上げ、高い料金を支払ってくれます。オリンピックが近づき「いよいよだな、よろしく頼むよ」と乗務員と話をしていたら、彼らは「社長、期間中は車が全部なくなるということですよね？」と言います。「メディアに全部売り切った」と答えたら、乗務員が「じゃあ、うちの車で毎日病院通いをしているおばあちゃんは、どうやって病院に行くんですか？」と聞くんです。結局、「いつものおばあちゃんのところに行くべきだ」ということになりました。メディアのご理解をいただき、３分の２くらいは常連のお客様に対応することができました。

Point 収益の柱は「空港便」

一般的にタクシーの提供価値とは、顧客の玄関から目的地までドアツードアで送り届けることである。同社がそのサービスを具現化したものに「空港便」がある。空港便は、ジャンボタクシーで自宅と成田空港や羽田空港を結ぶ24時間対応のサービスであり、たとえ利用者が一人でも、フライトの時間に合わせて送迎する。

このサービスは、MKタクシーの青木氏から「今、ジャンボタクシーで京都のご自宅から伊丹空港まで送迎するという企画がある。どうだ、君もやってみないか」と言われたのがきっかけだった。

近くの松本空港を調べたが、想像以上に利用者数が少なかった。当時の松本空港は1日わずか3便で搭乗率も低調だった。路線数や便数が少ないため、たとえば長野から北海道に行く人の多くは羽田空港を利用していた。この状況を青木社長に伝えると、「ボリュームが小さいのでやめたほうがよい」と言われ、空港便の話はいったん終わったという。

しかし、しばらくして「松本空港がダメなら、成田空港まで行くのはどうだろう」と思いついた。企画課長に話すと、「ありえません、時間がかかりすぎます」と素っ気ない返事だったが、実際に試走してみると4時間くらいで成田に着いた。その後、何回かシミュレーションをすると、5時間みておけばよさそうだった。

価格は新幹線を意識して、長野から成田空港まで一人8500円（現在は、1万900円から1万3900円）に設定して、フライトに合わせて一人からでも運行している。定期便サービスは半年後には黒字になり、その後は急激に売上が伸びた。現在は、長野だけでなく、新潟、群馬、埼玉、山梨からも空港便を運航している。

ヤマト運輸の宅配便のように、サービスを始めたら思いのほか需要が起こってきました。タクシー業界にいる期間が長ければ長い人ほど、空港便はダメだと言います。タクシーという既成観念が、そういう判断をさせたのだと思うのです。わが社は現在15億円くらいの売上ですが、

本社の外観

配車予約の電話でごった返す平日朝のコールセンター

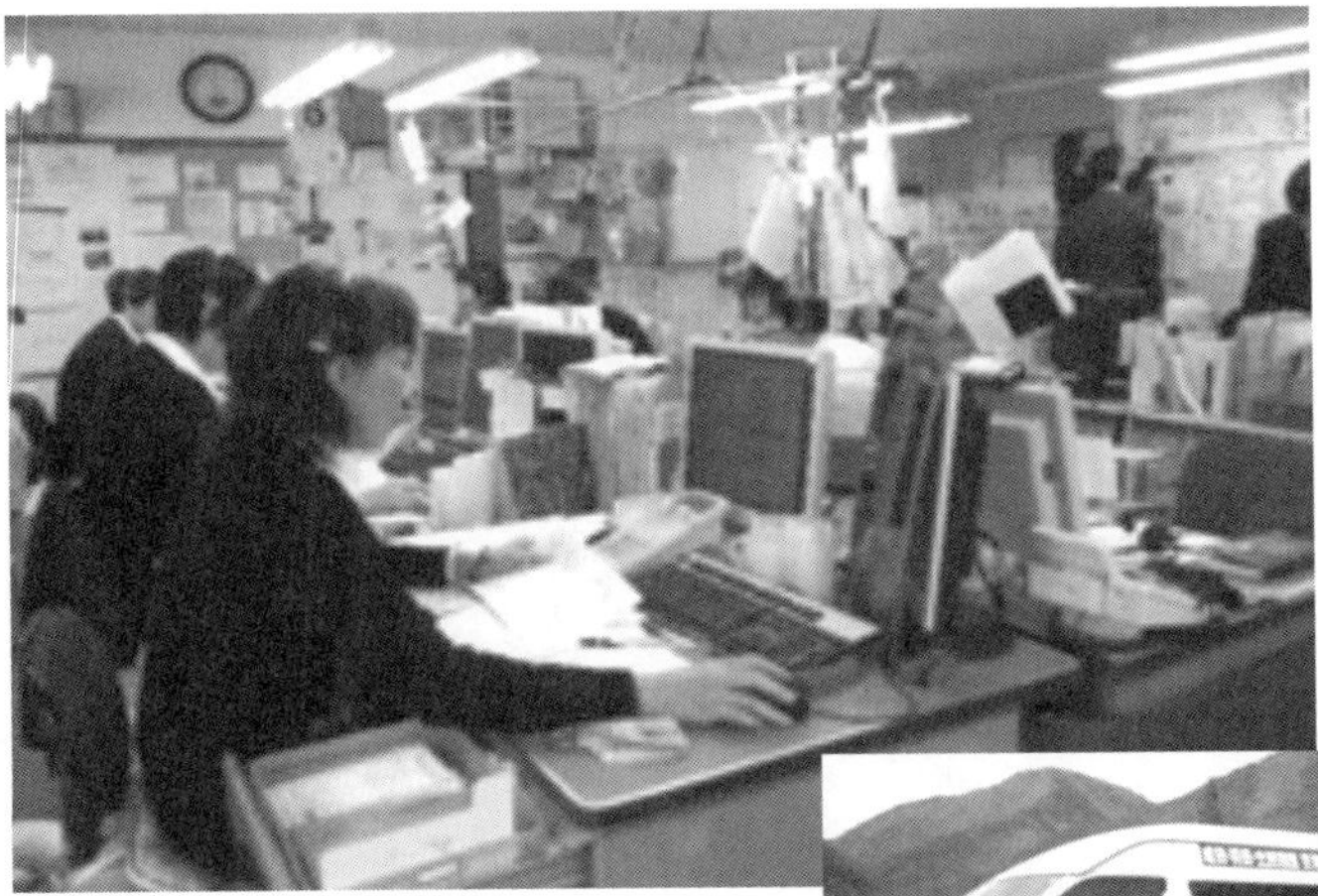

空港便

そのうちの10億円以上が空港便によるものです[2]。

中央タクシーにとって、業態を変えるという考え方が新しいサービスの基本である。空港便に限らず、「家からの旅」や「長野駅からの旅」もそのような考え方から生まれた商品である。たとえば、「家からの旅」は定員が10名程度のジャンボタクシーを使っての旅行である。乗務員がツアーコンダクターとなり、お客様の自宅から観光地までの送迎と観光案内を行う。まさに、お客様の自宅まで送迎ができるというタクシーの強みを活かしたサービスである。少人数なので、トイレ休憩のタイミング、食事や買い物の状況など、乗務員は乗客全員に気配りできる。なによりも、足が弱くなり、自宅に引きこもりがちになった高齢者に、「また旅行に行ける」という喜びを提供している。

3 年間8000台の自動車を売るスーパー

(株)マキオ〔鹿児島県阿久根市〕

鹿児島県の西北部に位置する阿久根市は、農業と漁業が支える人口2万人ほどの小さな町であり、人口減少と高齢化で先行する自治体のひとつである。

この阿久根市に、1日2万人の集客を誇る巨大スーパーがある。(株)マキオが運営する「A-

Zあくね」である。A-Zあくねの店舗の横幅は200メートル、奥行きは100メートルあり、入り口からは店の奥がかすんで見えるほど広い。店内には、食料品、生活用品、衣料品はもちろん、家電、書籍、医薬品、仏壇から小型自動車まで、ありとあらゆる商品を取りそろえ、商品点数は50万点以上にも及ぶ。店名のA-Zは、AからZまであらゆる商品を取り扱う決意のあらわれである。価格は競合店よりも安く、エブリデイ・ロープライスを信条としている。

「田舎だからこそ、何でもそろう店が必要」
「田舎だからこそ、いつでも価格は安く」
「田舎だからこそ、いつでも買える便利な店」
「田舎だからこそ、足を運びたくなる賑やかで楽しい店」

創業者の牧尾英二社長は、地域の人たちが衣食住に困らないインフラをつくるため、これまでの小売業の常識にとらわれないビジネスモデルを生み出した。阿久根店以外にも、2005年にA-Zかわなべ（南九州市）、09年にA-Zはやと（霧島市）をオープンした。

Point

スーパーの常識を覆す

阿久根市のような人口が少ない地域で、何でもそろう店を成り立たせるには、客が頻繁に来店する必要がある。そのためには、生活必需品を中心とした店で、売れる売れないに関係なく、消費者が要望する商品をすべてそろえなければならない。このような条件を満たすには、広大な売り場面積をもち、消費者がいつでも買い物できるように年中無休24時間営業の店舗が必要になる。

牧尾氏が阿久根で小売業に専念することを決めたとき、小売業の業態別のポジショニングを分析した。大商圏には、品ぞろえを専門化した大型専門店や、品ぞろえを総合化した百貨店や量販店が数多く出店している一方で、小商圏には食料品や生活雑貨などに商品を絞った小規模のスーパーが多い。A-Zが目指したのは、従来の業態別のポジショニングで空白となっていた、「小商圏で品ぞろえを総合化した小売業態」である。人口が多い所に出店して、売れ筋商品に絞り、回転率を上げる大手小売業の考え方とは対極のポジションだった。

牧尾氏は上手くいくはずと思っていたが、銀行や専門家からは無謀だと言われ、出店申請した九州通産局からは、この店舗規模では30万人の商圏が必要だと忠告された。何とか出店許可を手にしたが、前例がない型破りの店舗運営を知った銀行の多くが融資を断った。店舗に入ってくれるはずだったテナントからもキャンセルが相次いだ。ともかく、難産の末にA-Zは開業にこぎ着けた。

型破りの経営 その1▼50万アイテムの品ぞろえ

A-Zの最大の提供価値は、「必要なものが何でもそろう店」ということにある。そのため、一般的な総合スーパーの品ぞろえが8万点程度なのに対して、A-Zでは50万点を超える。

経営が成り立つか成り立たないかは脇におきました。効率を追求して品数を減らせば、ワンストップではなくなる。とりあえず、効率のことは無視すると決めました（牧尾英二社長）。

また、A-Zは高齢者からの要望に耳を傾ける。たとえば、高齢者は新製品よりも慣れ親しんだ商品を好むなどといった要望をとことん聞いた結果、醤油だけでも地場のメーカーを中心に約260品目が棚に並んでいる。A-Zには「売れ筋に絞り込むのは、利益を上げたい売り手側の都合。お客様が本当に必要とする商品の提供を第一に考えれば死に筋はない」という考えが根底にあるのである。

さらに、2000年から自動車の販売を始めた。阿久根市やその周辺では電車やバスの便が悪く、住民の移動手段は自家用車が中心になる。A-Zへの来店手段も車が7割を占めるため、車は特別な商品ではなく、雑貨のような商品と同じように扱っている。現在、年間8千台以上の車を販売し、車検の受け入れ台数は1万台以上にもなる。

型破りの経営 その2▼エブリデイ・ロープライス

A-Zの価格は一般的な小売店よりも安く、粗利益率は一般的な小売業やホームセンターよりも10%ほど低い。ただし、販管費を16%以下にすることで、経常利益を2%確保できる利益構造を想定した。

商品の価格設定は、他の小売業とはまったく違うやり方で決める。たとえば、鹿児島県人は先祖を大事にすることで知られており、墓前や仏壇に供える菊の消費量が多い。しかし菊は価格変動が激しく、安いときは1本60円くらいなのが、お盆や正月には3倍から5倍に跳ね上がる。そこで、菊の生花を1年中100円均一で販売して、通年では黒字になるように価格設定をしたという。この菊の100円均一は、「お寺の関係者による大量購入」という新しい需要を創造した。

型破りの経営 その3▼24時間営業

営業時間帯でみれば赤字の時間帯はあるが、24時間トータルで赤字にならなければよいというのがA-Zの基本方針である。

都会の人には理解しにくいだろうが、普段の買い物に不便を感じている田舎だからこそ、いつでも開いていて、たくさんの商品をそろえた店が必要とされるのです。24時間だから若者向けという店づくりをしているわけではありません。実際、仕事から帰った父親が、夕食後に家族そろって来店するケースも多いのです。購買の決定権を持つ大黒柱が一緒だから、高額商品は夜の方が売れます。

開店から半年間のデータによると、客単価は昼間よりも夜間の方が高く、午後8時から翌朝9時までの売上は全体の4割を占めていた。店内の従業員は、昼間の70人態勢に対して夜は10人以下にしており、コスト的にも24時間営業は成り立っている。過疎化、高齢化が進む地域でも、消費者の生活は多様化している。それに加えて、地方では夜間の移動距離は長いので、人吉や鹿児島などから業者が生鮮食品をまとめ買いに来る。地方のスーパーと都会のスーパーでは、ターゲットもニーズも違うのだ。

型破りの経営 その4▼データ管理禁止

一般のスーパーと同じようにA-ZでもPOSレジを設置しているが、POSの目的は精算のスピードを速くしてお客様を待たせないことにある。POSのデータを分析したり、仕入れの参考にしたりすることはない。年に数個しか売れないものでも、客の要望があれば店頭に並べるのがA-Zのやり方である。

コンピュータがはじき出した売れ筋商品を並べても、お客様の生活の変化に対応できるか疑問です。モノを売る側の論理が優先されて、お客様が本当に欲しい商品がなかったとしたら本末転倒です。「たくさん売れない」「販売効率が悪い」「売れても儲からない」など、POSはこうした商品をはじいてしまいます。お客様が本当に必要としている商品を丹念に拾い上げていくのが、私たちの品ぞろえの基本です。

POSの代わりに、売り場担当者には毎日帰宅前の商品の前出し（売り場の商品をそろえること）と数量管理が義務づけられている。担当者が毎日商品に触れているからこそ、商品の動きが感覚的に把握できる。

毎日陳列棚を見て触れていれば、どの商品が棚から少なくなっているか手にとるように分かります。絶えず在庫数をチェックすることで、欠品やロスがなくなります。仕入れの基本は、棚にある商品の数量にあります。先を見通すのは難しいが、日々の仕事の中で、お客様の動きを見ていると時代の変化がよく分かります。そのようにして毎日気づいたことを少しずつ店の中に反映させていくことが、結果的に時代の波に乗る早道です。

売り場責任者が、仕入れ業者や商品の選定、仕入れ価格や数量、販売価格、棚のレイアウトまで、すべてのオペレーションの責任を負うため、たとえ大手メーカーや問屋から直接社長に取引の依頼があっても、社長にはそれを決める権限はない。

型破りの経営その5▼マニュアル、予算、会議がない

A-Zには仕入れや売り場づくりのマニュアルがない。

マニュアルをつくると、それに頼って考えなくなります。マニュアルだけではお客様のニーズに応えることはできません。答えはいつも現場にあります。マニュアルがあると、かえって発想の幅が狭くなります。自分で考えて自分で判断するからこそ仕事が面白くなるのです。

A-Zには管理的な仕事がないため、営業会議、企画会議、販売会議など、会議と名がつくものは行われない。

部門や商品ごとの採算管理はせず、店全体で赤字にならなければ良しとする。したがって、

広すぎて奥が見えない店内

醤油売り場

五右衛門風呂まで売っている

売上高や利益の目標はない。重要視する数字はリピート率と来客数なので、単価を下げてでも売上点数を増やすことを目指している。

型破りの経営 その6▼コミュニティの中核になる

A-Zあくねでは、車の運転ができない高齢者のために、前日までに電話予約があれば予約者一人ひとりの自宅まで送り迎えする買い物バス「マイマイ」を運行している。このサービスは、年会費1000円で運行料金は無料である。

また、高齢者（満60歳以上）や身体障害者のために「A-Zカード」を発行しており、このカードを提示すれば精算後にサービスカウンターで購入額の5％がキャッシュバックされるといったサービスがある。これが思わぬ効果を生んだ。高齢者と息子・娘、孫といったように家族3世代で来店し、A-Zカードを使って買い物するケースが増えたのだ。客単価の上昇だけでなく、家族の団らんにも一役買っている。

かつてA-Zがオープンした年に鹿児島県は台風の直撃を受けた。このとき、停電になったためガスでご飯を炊き人々におにぎりを提供したという。今やA-Zは阿久根にとってなくてはならないインフラになっている。A-Zに行けば誰かに会える。友人とお茶を飲んだり、おしゃべりをしたり、散歩に来る人もいる。このように、A-Zは都会のスーパーとはまったく違った役割を担っている。

4 まとめ：地域の生活インフラになる

Point 制約をチャンスにする

中央タクシーの宇都宮会長へのインタビューの冒頭、「わが社は地域の人々にとって、なくてはならない会社です」と言われた。この言葉からは、企業と顧客とのつながりの大切さを知ることができる。私たちがタクシーを利用するとき、駅やホテルのタクシー乗り場に行くか、空車で走行中のタクシーを停めて乗り込む。乗務員のサービスやタクシー料金、所要時間はほとんど同じなので、目の前に停まっているタクシーに乗り込む。並んでいるタクシーの中から好みのタクシーを選ぶことはない。そして、乗車の順番が来ると後部座席のドアが自動で開き、乗務員に行き先を告げる。

それに対して、中央タクシーはタクシーを運送業ではなく接客業だと定義する。乗客に挨拶したり、雨に濡れないように傘を差し出したり、車内をきれいにしたり、その日一日を気持ちよく過ごしていただくことが最大の使命である。

また、イーグルバスの存在意義は、人口減少に悩む地域の路線バスの使い勝手を良くすることに加え、観光客を路線バスに呼び込むことである。同社の経営理念の一つである「創客」は、バス利用者そのものを増やすことで、地域の活性化につなげようとしている。その具体的な取り組みが、路線のハブがある街の中心地にスーパーや病院などの生活インフラを構築することである。つまりイーグルバスとは路線バスを核に客を創り、地域に合った新しいかたちの街をつくる会社である。

イーグルバスが交通網を軸とした地域の生活インフラだとすれば、A‐Zはスーパーを中核とした生活インフラを提供する。A‐Zのビジネスモデルは一般のスーパーとはまったく異なる。一般的なスーパーの提供価値は、価格、立地、品ぞろえである。そして、スーパーやコンビニの品ぞろえは、売れ筋や利幅が大きいプライベートブランドが優先されるため、どのスーパーに行っても同じような商品が陳列棚に並んでいる。そのようなやり方について、都会だろうが地方だろうが大きな差はない。

ところが、A‐Zは住民の生活スタイルに合ったビジネスモデルをつくりあげた。車を運転できない高齢者もA‐Zを利用できるように送迎サービスを提供し、いつでも買い物ができるように年中無休24時間営業を行う。地域に密着しているからこそ毎日が特売日を基本にする。地域でもっとも集客できる場所だからこそ子育て支援をする。地元を大事にするからこそ取引業者の半分が地元の企業である。

興味深いことに、ミッションコア企業は事業の定義を見直すことによって地方のデメリットを好機に変えている。通常、人口密集地よりも地方での事業展開は不利である。しかし、A－Zのビジネスモデルは鹿児島の過疎地だからこそ機能し、イーグルバスは川越が事業の起点になっている。また、聖護院八ッ橋総本店のブランド力の背景には京都という街がある。中央タクシーのビジネスモデルは、人口密集地やオフィス街では上手くいかないだろう。第1章にて例に挙げた、農産物直売所みずほの長谷川代表の座右の銘が「適地適作」であるように、その場所にはその場所に合ったやり方があるということだ。

地域へのこだわりについては、北海道のお土産の定番「マルセイバターサンド」で知られる六花亭製菓（株）（帯広市）の経営方針も興味深い。六花亭には、北海道内にしか出店しないという基本方針がある。

当社は、お客さまの顔が見える商圏で、お菓子を通じて日常の中であいさつを交わすようなお付き合いをする。そのような地域に愛されるお菓子づくりを目指しています。もともと十勝地方は農業地域で、粘り強い性格の人が多くいます。お菓子づくりは単一労働の手作業が多く、粘り強さが必要です。当社の社員は本当によく働く集団です。地域に愛されるお菓子づくりが社員にやりがいを持たせ、会社としても利益を維持できています。当社が北海道以外で店舗展開をしない理由はそのためです。また、お菓子の日持ちはだいたい5日から1週間です。仮に東京へ出店しようとすれば、工場も人も必要になります。地元の人たちへの想いや北海道のお菓子であることのこだわりを捨ててまで、北海道の外で売上げを拡大するつもりはありません。

つまり当社が大切にしているのは、六花亭の存在価値、基本方針に尽きるのです。（小田豊前社長）

事業を行う上で、地方は都市部より制約が大きいと言われるが、逆転の発想によって制約がチャンスに変わるのである。

Point

素人的発想の強み

中央タクシーの経営理念は「お客様が先、利益は後」、A-Zの牧尾氏も「利益第二主義」を哲学にしている。春風秋霜ともいえる両社の経営は、儲けを住民へのサービスのご褒美だと考えている。

常識的に考えると、スーパーの経営を上手くやろうとすると、たくさんの来店客が見込める場所に出店して、品ぞろえは売れ筋に絞り、回転率をあげる仕組みを考える。そのような常識からすれば、小商圏で品ぞろえを総合化した巨大スーパーというA-Zのポジショニングは、非効率で型破りなものになる。

過疎地に東京ドーム数個分の巨大店舗、取扱品目は50万以上、毎日安売りの24時間営業のスーパーなど、論理的に上手くいくはずがない。小売りの経験者ほど、「A-Zのビジネスモデルはダメだ」と言い切ったそうだ。まさにA-Zのビジネスモデルは、「そんなバカな」と思わず言いたくなる経営スタイルなのである[3]。一見すると型破りで非効率なやり方だが、牧尾氏に話を伺ってみると「なるほど、だから上手くいっているのか」と腑に落ちる。事業の仕組みの本質は、見える部分（フロントフォーマット）ではなく、見えないところ（バックフォーマット）に隠されている[4]。

中央タクシーには、「乗務員がお客様の落としものを探してお届けした」「お客様の汚れた服を洗濯して宿泊のホテルまでお届けした」という接客についてのエピソードが語り継がれている。利用客の乗降時には自動ドアではなく乗務員が手動で開閉し、目先の売上や利益は後回しにして、あえて非効率なことをする。なぜこのようなやり方で経営が成り立つのかを説明するのは難しい。しかし、地味なことでも愚直に継続することで、地元住民から「中央タクシーは私たちにとって大事な存在」だと思ってもらえるようになる。中央タクシーのようなミッションコア企業が最優先するのはお客様を感動させることにあり、そのことが地元住民との信頼関係を生み出していた。

「バカな」と思わせる発想は、業界の掟や慣習に疑問を抱くことから生まれる。だからこそ、業界の素人からの発想や視点が役立つことがある。A-Zの牧尾氏は小売りの経験がなかった。もともと牧尾氏は、横浜で自動車関係の会社で働いていたが、弟が経営するホームセンターが経営不振に陥ったため、父親から地元に呼び出された。自動車の世界で生きていくつもりだったが、地元に戻ってからは「小売業は自分の天職」と言い聞かせたという。天職であれば、損得でなく善悪で経営をしようと決意したそうだ。

イーグルバスの谷島氏には、路線バス事業の経験がなかった。みずほの村市場の長谷川氏は、農業に従事していたこともあったが小売りは素人だった。中央タクシーの宇都宮会長は父親が経営するタクシー会社に入社したが、既存のタクシーのあり方に疑問を持つようになり、理想のタクシー会社をつくろうと独立した。これは第3章にて紹介した白鳳堂の髙本社長が起業したのと同じ動機である。このように、ミッションコア企業の経営は、業界の常識や慣習を疑い、お客様や地域の人々への貢献を優先することで、新しいビジネスモデルを生み出している。

［注］

1 冨山和彦『なぜローカル経済から日本は甦るのか』ＰＨＰ新書、２０１４年。
2 ２０１３年10月のインタビューより。
3 吉原英樹『「バカな」と「なるほど」：経営成功の決め手！』ＰＨＰ研究所、２０１４年。
4 田村正紀『セブン・イレブンの足跡：持続成長メカニズムを探る』千倉書房、２０１４年。

第5章

ミッションコア企業のかたち

1

ミッションコアの経営プロセス

本書で取りあげたミッションコア企業の経営には共通点がある。それは、経営理念を起点とした創造的な経営プロセスである。経営理念を実現するためのビジネスモデルの開発、それに必要な経営資源の調達、試行錯誤による組織学習、その結果としての社風や文化の形成、そして経営理念へのフィードバックから構成される。

ミッションコア企業の経営プロセス

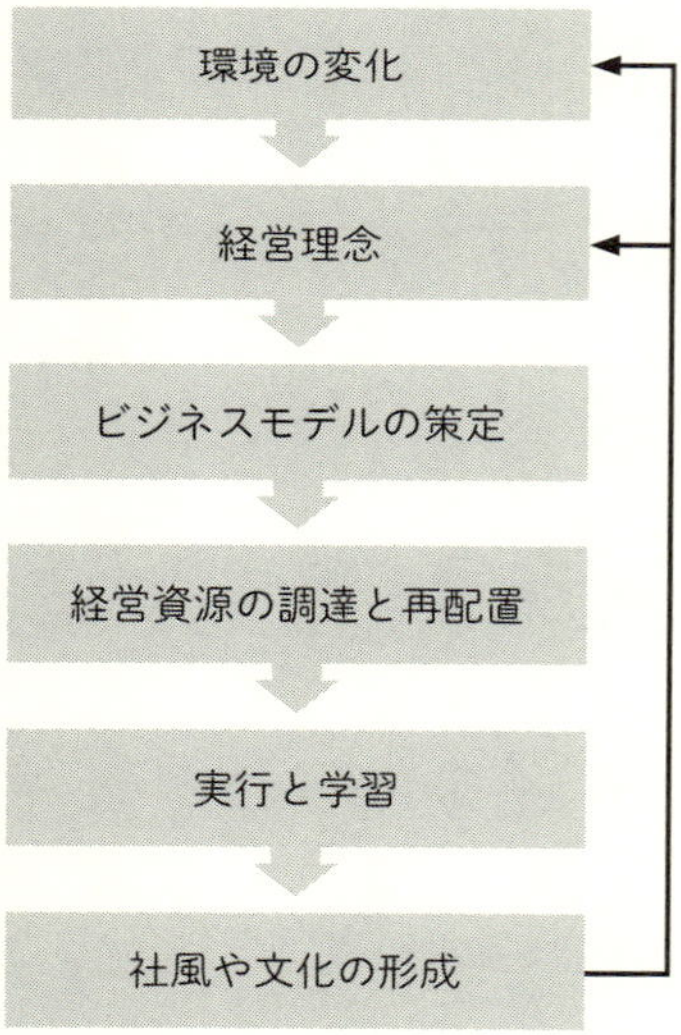

◉想いを言葉にする：ミッションコア企業の経営は常に経営理念が起点になる。マツ六のFリフォームは「転倒のリスクをなくす」、山本光学は「目を護る」、中央タクシーは「地域住民にとって理想のタクシー会社をつくる」、マキオ（A-Z）は「地域のインフラになる」のように、ミッションコア企業は社会の不安や不便を解決することを使命にする。

ただし、経営理念を中核とした社会的価値の提供と経済的価値の獲得を両立させるためには、旧来の慣習やルールを否定する新しい発想や仕組みが欠かせない。そのため、伝統工芸品を工業製品へと定義を変えたり、嗜好品を日用品にしたり、農業に競争ルールを持ち込んだりと、従来のやり方から見れば型破りなビジネスモデルを開発している。

従来と異なるビジネスモデルを展開するには、新しい経営資源の調達や再配置が必要である。たとえば、サラダコスモ、おとうふ工房いしかわ、スノーピーク、白鳳堂、長谷製陶は店舗運営に乗り出している。マツ六はオフィス用品のビジネスモデルを介護リフォームに応用し、イーグルバスは経営工学の手法を路線バスに持ち込んだ。

◉言葉をかたちにする：次の段階は学習と実行のプロセスである。この段階での課題は、試行錯誤による学習プロセスによって、ミッションや経営方針を組織内に浸透させることである。掛け声だけでは人や組織は動かない。従業員が経営理念やリーダーの方針に共鳴して組織全体がひとつの方向にコミットしなければ、どのような崇高な理念であっても、どのように卓越したビジネスモデルであっても機能しない。

この実行プロセスによる試行錯誤が、「会社らしさ」や「この会社ならでは」といった独自の文化や風土を形成するようになる。最終的には、創発的に生み出された文化や価値観が経営理念を再定義する。

① 意思決定の基軸は経営理念

経営コンサルタントのサイモン・シネックによると、革新的なリーダーは、「なぜ私たちは社会に存在するのか」「なぜこの商品をつくっているのか」といったwhy（大義や志）を明確にすることから始めるという[1]。そのwhyを明らかにできれば、次に決めることは「どうすればwhyをなしえるか」というhowである。最後に「何を売っているのか」のwhatを決める。

ミッションコア企業のwhyは、伝統産業の衰退、高齢化社会の到来、地域経済の低迷、交通弱者の増加など、日本や地域が抱える社会問題を解決することである。たとえば、マツ六のFリフォームのwhyは「大切な人を転倒から守り、安全で豊かな暮らしのお手伝いをすること」。そのwhyを成し遂げるためのhowが「バリアフリー建材というメーカーポジションとFリフォームという通販事業」。そして、whatが「手すり」や「スロープ」といった製品群である。スノーピークはテントや焚き火台といったwhatを売っている会社ではない。「自然に触れ、自然とつながる瞬間を提供することで、より多くの方に人間らしい時間を取り戻していただくこと」がwhy、その具体的なhowが「オートキャンプ」、「高品質で独創的なキャンプ用品」が

whatである。山本光学のwhyは「眼を護る」こと。そのためのhowが「光をコントロールする技術」であり、具体的なwhatが「ゴーグル」や「眼鏡」である。

whyを起点にする理由は、消費者や社員を含め、人は感情でしか動かないからである。人はwhyに共感し感動する。消費者は商品やビジネスモデルに感動して購入しない。人はそれをしている理由や意味を買っているのである。ミッションコアの企業を際立たせているのは、商品のwhatや方法のhowではなく、それをしているwhyにある。

②ビジネスモデルの設計

どれだけ崇高な大志や熱い想いをもったとしても、それだけでは社会的価値の提供と経済的利益の獲得を両立することは難しい。両者を結びつけるためには、これまでの常識や習慣にとらわれないビジネスモデルの設計が必要になる。たとえば、一般的な小売スーパーのビジネスモデルは、より多くの買い物客にとって便利な場所に立地して、売れ筋や利益率の高い商品を中心に展開するように設計されている。そして、セルフレジやPOSを導入して効率化や省力化を進める。それに対して、マキオ（A-Z）は過疎地に50万アイテムを超える品揃えの24時間営業のスーパーをつくった。POSデータに頼らず、仕入れ担当者も置かず、売り場担当者の五感による商品管理を徹底している。売れ筋よりも死に筋に気配りしたり、自動車や盆栽を販売したり、従来のスーパーの論理から逸脱した型破りなやり方である。スーパーに詳しい人ほどA-Zのビジネスモデルを否定したが、牧尾氏はこのビジネスモデルから利益が出る仕組みを生み出した。徹底的に絞り込まれた投資、太陽光発電や地下水の利用、広告宣伝の排除など、売上高に占める販売費および一般管理費の比率は、通常のスーパーに比べて格段に低い。

また、みずほの村市場のビジネスモデルも従来の直売所のモデルとは別物である。創業者の長谷川氏は、みずほの店舗を単に野菜を売る店というより「農家が品質を競い合う舞台」「本物の農産物を適正な価格で購入したい消費者が満足できる場所」として位置づけた。みずほで販売する野菜の品質はとても高く、スーパーの野菜よりも高い価格で売られている。また、出品する農家は、みずほの店頭に商品を並べるために権利金を支払う必要がある。もし、決められた販売額を達成しなければペナルティが課せられるので、商品に自信がなければ、みずほには出品できない。これまで、販売額が少ないという理由で農家が店に違約金を支払うことなどなかったはずだ。

新しいビジネスモデルの設計にあたっては、「誰に、何を売るか」を決めることがとても重要である。たとえば、天池合繊は顧客を産業財の企業からアパレルブランドの企業へ変えた。坂本乙造商店は、屠蘇器やお椀などの漆器を百貨店や専門店で販売していたが、消費者のライフスタイルの変化によって販売量が激減したため、カメラ、時計、食器、筆記具など、ブランド力をもったパートナーの製品価値を漆加工で高める黒子の役割を見つけた。白鳳堂は世界的な化粧品会社と提携することで、それまで化粧コンパクトの付属品に過ぎなかったメイクブラシを、トップのメイクアップ・アーチストが愛用する化粧筆に格上げした。つまり、ミッションコア企業のイノベーションとは、「誰に、何を売るのか」「その仕組みをどのようなかたちにするのか」「どのような利益モデルにするのか」について独創的なモデルを設計することにある。

私は慶應義塾大学のビジネススクールで経営戦略論を担当しているが、初回の授業で必ず取り上げるのが、東大阪市でカラーワイヤーを製造販売する日本化線（株）の事例である。カラーワイヤーは、住宅用のフェンスや針金ハンガーなどの生産財として使われているため、カラーワイヤーに付加価値をもたせることはとても難しい。そのため、カラーワイヤーはコスト以外で差別化することが不可能だと考えられていた。

しかし、日本化線の笠野輝男社長は、小学校の図画工作の教材やホビー用としての用途を見つけた。笠野氏が「自遊自在」と命名したデザインカラーワイヤーは、芯線に柔らかい針金やアルミ線を使い、特殊な塩化ビニール樹脂でコーティングした新しいタイプの造形用カラーワイヤーである。カラーワイヤーを自由に曲げたり、ねじったり、巻きつけることによって、使う人のモノづくりに対する感性や創造力を高める商品に変えた。

使う人やモノの価値が変わると、販売する仕組みも変わる。これまでのカラーワイヤーは建築業や金物店に販売されていたが、デザインカラーワイヤーは東急ハンズやクラフトショップを通じて消費者に提供される。モノの価値が変わると、企業にとって必要な能力や資源も変わる。フェンスやハンガーとしてのカラーワイヤーにとって唯一の武器はコスト競争力だが、趣味や教材としてのカラーワイヤーはデザイン力や企画力が大事な能力になる。実際、日本化線の社員の多くがデザイン専門学校の出身者だそうだ。結果として、この会社はモノづくりの企業からデザインの企業へと進化した。

③ 経営資源の調達と再配置

新しいビジネスモデルは、それを機能させるための特殊な経営資源や組織能力を必要とする。経営戦略論では、経営資源のポートフォリオを組み替える組織能力のことを「ダイナミック・ケイパビリティ」という[2]。ミッションコア企業のダイナミック・ケイパビリティとは、新しいビジネスモデルに必要な経営資源や能力を見つけ出し、それを社内に取り込み、既存の資源に結合する能力のことをいう。たとえば、マツ六のFリフォーム事業は、事務用品を中心とした通信販売会社「アスクル」のビジネスモデルを介護リフォームに応用したものだった。

ミッションコア企業の中には、「新しい組み合わせ」によって高い付加価値を生み出した事例が多い[3]。たとえば、スカイツリーや新幹線などに使われている「緩まないナット」で知られるハードロック工業（株）（東大阪市）は、ナットに「クサビ」の原理を組み込んだ。きっかけは、創業者の若林克彦社長が住吉大社をお参りしたときだった。

鳥居を見上げたとき、思わず足が止まりました。鳥居の柱にくさびが打ち込んであるんです。柱と貫《ぬき》が交差するところを固定させるためです。くさびは日本古来の技術です。このとき、こ

日本化線のワイヤモデル（ZERO 戦）

ハードロックネジ

の原理をボルトとナットに応用することを思いつきました（若林克彦社長）。

また、同じ東大阪市には「錆びないねじ」で知られ、グローバル・ニッチ・トップ企業に選ばれた（株）竹中製作所がある。同社の防錆・防食ボルト「タケコート」は、瀬戸大橋や東京湾アクアラインのように、厳しい環境で使用されている。

開発のきっかけは、米国ヒューストンで開催された世界海洋博覧会だった。この博覧会に参加した竹中弘忠氏（現会長）は、海上や海底に使うパイプやバルブにフッ素コーティングが施されているのに、ボルトにはフッ素樹脂が塗られていないことに気づいた。「これだ」と直感した。フライパンのように凹凸がない平らな部分にフッ素をコーティングすることは、技術的にそれほど難しくなかったが、ボルトナットは接合面の摩擦によってフッ素がはがれやすくなる。この問題を解決するには、特殊な塗料開発と表面処理加工技術が必要だった。そしてこれらの技術が、今の竹中製作所の強みになっている。

ただし、画期的な商品開発が自動的に事業としての成功を約束するものではない。2000年に東大阪市のトップシェア企業を対象としたアンケート調査を行った。アンケートのなかで、トップシェア製品や技術の開発に要した年数と、開発に成功して黒字になるまでに要した年数を質問した。調査の結果、平均すると開発までに4年、そこから利益が出るまでに同じく4年、計8年を要していた。開発したら成功ではなく、そこから売り込んではじめて成功といえる。

竹中氏はタケコートの営業ではとても苦労した。

売り込みに行った企業先で、「技術データを出せ、サンプルを持ってこい」と、ありとあらゆる情報を要求されました。やっと納得してくれても「使用実績はどこにある」といったようなものです。仮に技術者レベルで認めてくれても、製品が未知なものということで、そこから一歩も進みませんでした。実際に採用してもらうには上司のはんこがいります。決定的だったのは、「採用して何か問題が起こったら、自分の一生とおまえの製品を引き替えにして心中するわけにいかないからやめとくわ」と言われたことです。こんなことの繰り返しで、結局勉強だけさせられて販売には結びつきませんでした（竹中弘忠会長）。

このとき、製品を開発するのは難しいが、市場に売ることがそれ以上に難しいことを思い知らされた。開発から3年が経過して日本国内での販売を断念した竹中氏は、石油メジャーのエッソを訪れた。米国ヒューストンのオフィスは、新製品や技術の申請、登録、審査を専門に手がけていた。厳しい審査の末、すべての基準を満たしているとして、マスター・ベンダーリスト（主要製品納入業者のリスト）への掲載が許可された。ベンダーリストへの掲載は、世界各国にあるメジャーの子会社や関連企業のすべてから、竹中製作所のタケコートが防錆・防食性に優れているという品質規格を承認されたことを意味する。

エッソのベンダーリストへの掲載を機に、世界各国に売り込みを行った。最初の受注はマレーシアの国営石油会社ペトロナスからだった。ペトロナスは石油を掘削するのに、設備や機器を多数の日本の大手プラントメーカーに発注したが、その発注書のボルトナットにはタケコートが指定されていた。

竹中製作所のケースから学べることは、「ようやく革新的な製品ができた、これで救われた」とはならないことだ。とくに日本の場合、実績や知名度、会社の規模など、品質や技術とは関係ない理由によって取引に至らないことが多い。天池合繊や白鳳堂の事例を見ても国内市場で求められたのは価格や実績だったが、海外では商品価値だけであった。ミッションコア企業の取り組みは、日本よりも海外のチャネルに飛躍の可能性があることを教えてくれる。

④ 組織浸透

ミッションコアの経営プロセスの最終段階は、経営理念や経営者の価値観を組織に浸透させ、共有することである。この段階でのキーワードが、「マネジメントのイノベーション」である。『コア・コンピタンス経営』の著者として知られるゲイリー・ハメルは、イノベーションをピラミッドのような5つの階層としてとらえている[4]。階層のもっとも下位にあって容易なイノベーションが「オペレーションの改善」、その上位に「製品やサービスの開発」「ビジネスモデルのイノベーション」「構造のイノベーション」が続く。そして階層の最上位にあって、もっとも難易度が高いのが「マネジメントのイノベーション」である。これは、「人間が働く、その方法自体を新しくすること」と定義される。マネジメントのイノベーションの難易度が高い理由は、それが「人」に関するものだからである。

寒天の食品「かんてんぱぱ」で知られる伊那食品工業（株）（長野県伊那市）の経営は、マネジメントのイノベーションのお手本である。同社は１９５８年の創業以来、寒天ブームの一時的な反動を除けば50期連続して増収増益を達成している。同社の塚越寛会長は、会社の理念や方針、価値観を従業員に共有させるのは経営者の役割だと断言する。

経営とは「知らしめること」です。「知らせること」ではなく、徹底して「知らしめること」。それは、パートさんに至るまで、私の考え方を徹底して知らしめる。会社の方針を知らしめる。すべてのことを知らしめる。そこではないかと私は思います。そのためには物理的に私が何回も話すこと。それから、月に一度、全体会議を行うこと。そして、朝礼を毎日行う。あるいは社内報をきちんと読む。あらゆる手段を使って

イノベーションの階層

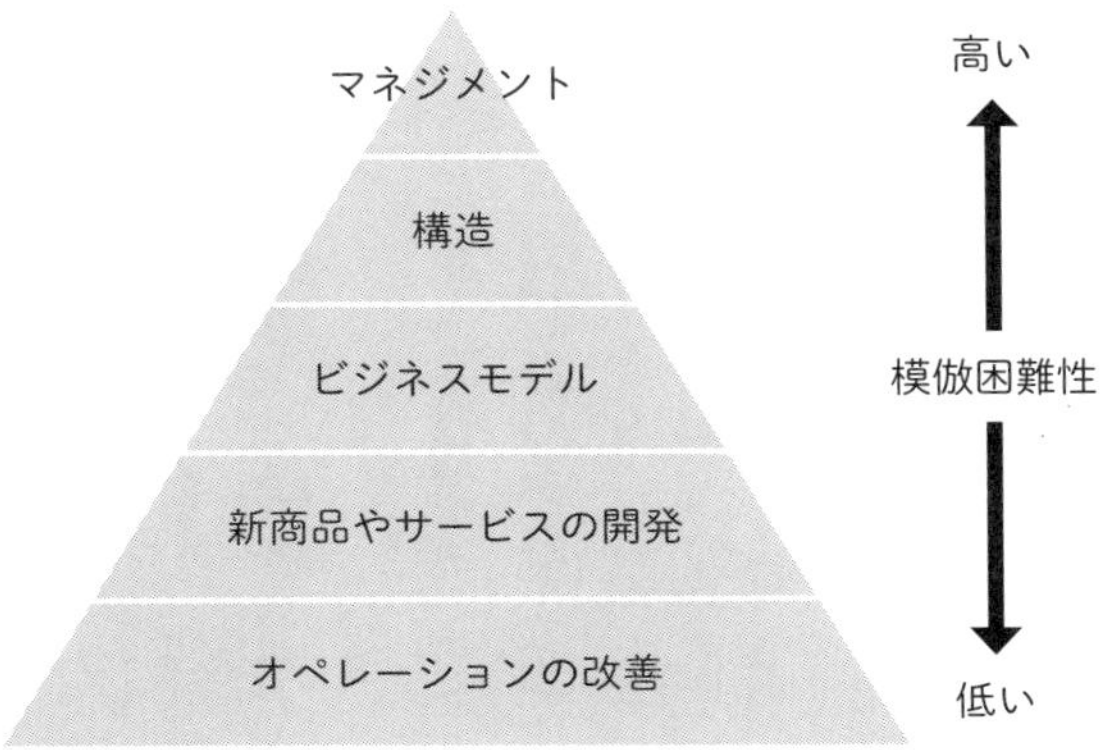

ゲイリー・ハメル（2014）をもとに筆者作成

知らしめています。多くの組織が知らせたつもりであって、知らしめていないのではないでしょうか。

知らしめることによって理念が共有され、お互いの進むべき道がはっきりしているから、みんなが自発的に仕事をやるようになりました。ひとつの結果として、2万坪の敷地の掃除を社員たちが毎朝きっちりとやっています。なぜそれをしなければいけないのか、それがどんな効果を生むか、お客さんがそれに対してどんな評価をするかを社員は分かっています。評価が高くていい結果が生まれれば、それが自分達の生活にも反映してきますから、それが大事だということも分かっています（塚越寛会長）。

ミッションコア企業の経営者は、社員とのコミュニケーションに膨大な時間を費やすことによって、組織の状況を自分の体調のように感じ取ることができる。「社内の雰囲気はどうか」「何か問題が起こりそうか」など、組織の状況を五感で知ることができる。そして「自分たちのことを見てくれている」ことが、社員の忠誠心やモチベーションを高め、組織に一体感が生まれるのである。

現場とのコミュニケーションの取り方は、企業によってさまざまである。

「マルセイバターサンド」で知られる六花亭製菓（株）（北海道帯広市）には、1987年6月に創刊して以来、毎日欠かさず発行している社内新聞「六輪」がある。多い日には15頁にもなる新聞情報のもとになっているのが、社員から寄せられる「1人1日1情報」の制度である。

伊那食品工業の毎日の清掃作業

六花亭製菓の社内新聞「六輪」

パートタイマーを含めた全社員が、出勤日に情報を社長にメールで送る。強制ではないが、ほぼ全社員が情報を寄せるという。仕事上の気づき、趣味や家族の話など、内容はさまざまだ。そして経営者はすべての情報に数時間かけて毎日目を通し、その中から良い提案や報告などを翌日の新聞に掲載する。

この制度では、社員が何を考えているのか知ることが大きな目的です。新聞には顔写真も掲載しますので、社員同士のコミュニケーションにも役立っています。また、情報の中には業務改善や商品改良に役立つものも多くあります（小田豊前社長）。

理念を共有するには、手間ひまかけた全社的な取り組みが必要になる。新しい環境条件に適応するように調整された経営理念や価値観は、組織内で社員がコミュニケーションの中でぶつかり合い、調整し、学習するプロセスの中でコンセンサスが生まれる。この創発的なプロセスの結果として、価値観や方向性、仕事のやり方や決め方、行動様式などが組織の中にパターンとして形づくられてゆく。このようなパターンが、会社らしさや会社の色として認知されるようになる。

伝統的な経営戦略論では、戦略を策定と実行の独立したプロセスに分ける。しかし、ものごとが計画通りに進むことは考えにくい。とくに環境が複雑で不確実な状況では、事前に大まかな方向性を決めて、その後は走りながら考えることの方が現実的である。思考と実行を切り離すべきではない[5]。

思考と実行の関係については、組み立て玩具で知られる「レゴ」の再生事例が参考になる。2000年代の始め、レゴは倒産の危機に直面した。そのとき、瀕死のレゴを救ったCEOヨハン・クヌッドストープ氏は、組織を本気で変えようとするのであれば、経営者は考えて行動を起こすのではなく、行動を起こすことで組織の考え方を変えるべきだという。

マッキンゼーのコンサルタント時代は、考える力は偉大だと信じていました。思考から行動が生まれるのだ、と。でも、それは逆でした。行動から新しい習慣が生まれ、新しい習慣から、自分は何をすべきかという信念が生まれるのです。そしてその信念によって、個人や組織の性格が形づくられます。だからわたしたちは、行動を起こすことから始め、それによってわたしたち自身を変えようとしました[6]。

企業がある行動をとると、それが回顧・内省され、次の行動に反映される。そのプロセスを繰り返すことで、組織内に「らしさ」や「ならでは」といった一貫性がうまれるのである。

さらに、（株）アンデルセン・パン生活文化研究所（広島市）の創業者である高木俊介氏は、経営理念は最初から「ある」ものではなく「なる」ものだという。「あらかじめつくっておく、決めておく」というより、「日々の労働の中から自然と生まれてきて、かたちになるもの」であり、これが「アンデルセンらしさ、アンデルセンの社員らしい働き方」を形成する。つまり企業とは人材がつくり上げるもので、人の資質の向上が企業の成長に導く。そこにアンデルセンが人材教育に手間ひまをかけている理由がある。

2 ミッションコアの経営から学ぶこと

整合性としての競争力

「企業の成功要因は何か?」という問いは、経営戦略の本質的なテーマである。この問いに対する教科書的な答えは、「カリスマ経営者の存在」「卓越した技術力やブランド力」「緻密なビジネスモデル」など、限られた数のコア・コンピタンス（競争優位の中核的要因）が企業を成功に導くというものである。

しかし実際には、企業の競争優位はたくさんの活動や方針や、それらのつながりから生まれる。本書のミッションコア企業は、同業他社とは大きく異なった活動や方針を採用しており、それらが相互に補強・補完することで、企業としての目標やテーマを実現している。

たとえば、イーグルバスがセンサーを使って乗降客数をカウントするのは、顧客ニーズの大きさを見えるようにするためである。みずほが生産者に権利金を求めているのは、みずほという舞台で勝負する覚悟をもってもらうためである。A－Zが毎日の特売にこだわるのは、毎日来店して欲しいからである。中央タクシーがお客様の都合を最優先するのは、中央タクシーが地元住民と共にあることを知ってもらうためである。

企業が採用する様々な方針とその目的の関係を図にしたものを「活動システム図」という[7]。ここで、みずほの村市場の活動システム図を作成してみると、みずほにとって最重要の目的・テーマは、「農業で再生産可能な利益を確保すること」である。そのためには価格競争を排除して、「高品質の商品をその価値に見合った価格で提供すること」が必要になる。それを可能にするのが、「農家が競争する仕組み」である。そして、直売所としてのみずほは、「農家が腕を競い合う舞台」や「プロ農家が提供する最高の商品と、本物を求める顧客が出会う場」としての役割をもつ。この4つの目的を図中の太枠で示している。

そして、これらの目的を達成するために、さ

みずほの村市場の活動システム図

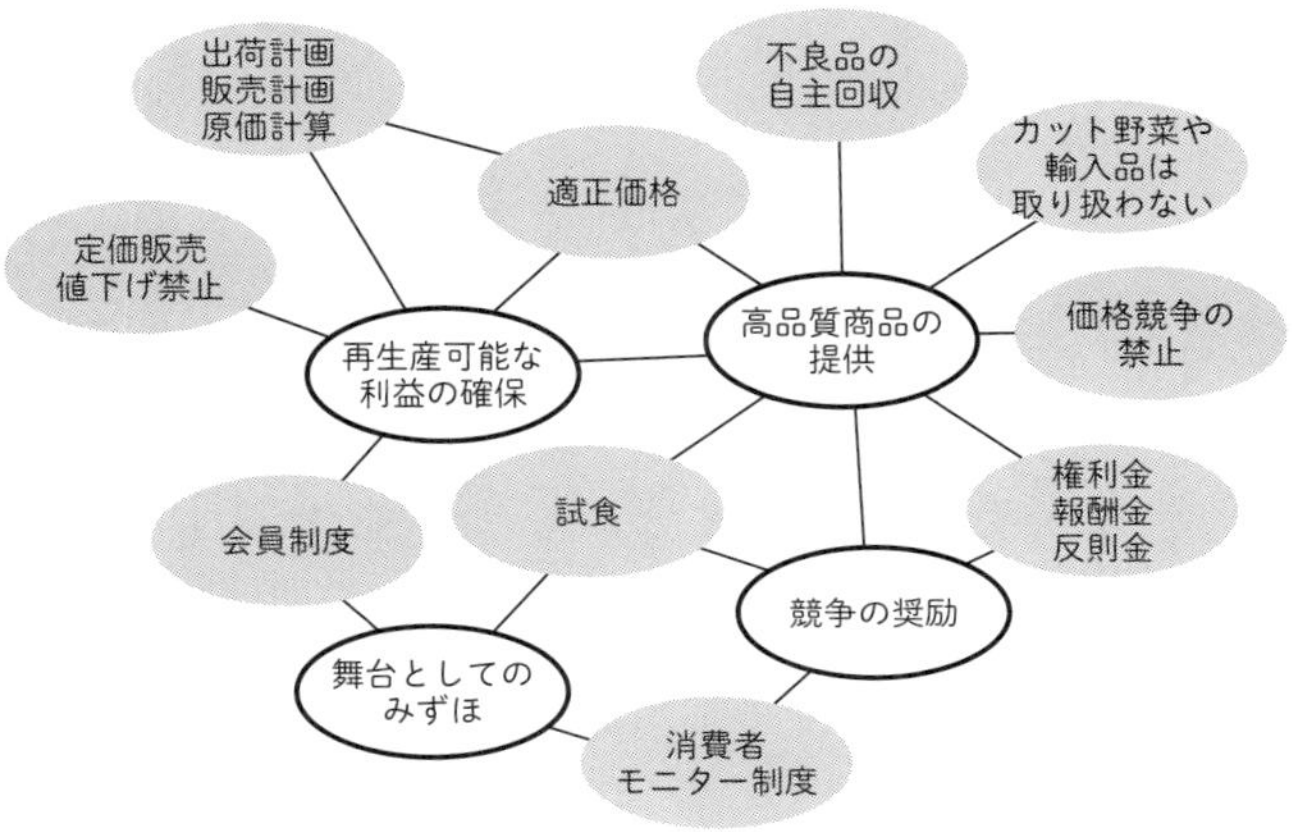

まざまな方針が採用されている。たとえば、農家による低価格競争を排除するために、後から出品する農家が先発者よりも安い価格で販売することを禁止している。さらに、高品質の商品を提供するために、みずほへの出品には権利金を課したり、再生産可能な利益を確保できるように、原価計算や生産計画の提出を求めている。

要するに、ミッションコア企業は、何か一つの、あるいは限られたコア・コンピタンスを持っているから成功しているのではない。さまざまな方針と目的の集合体としての整合性が、みずほの競争力の源泉になっている。ミッションコア企業のビジネスモデルの模倣が難しく、参入障壁が高い理由は、競争力の本質が「何をしているか」という目に見えるものではなく、「それぞれの活動がどのようにつながっているか」という裏側の設計思想にあるからである。

二分法的思考のワナ

私たちは気づかないうちに、ものごとを二項対立的に捉えようとする思考方法に慣れ親しんでいる。二分法とは、善と悪、大と小、勝ちと負けのように、特定の概念を相反する2つに分類することである。複雑な概念を分かりやすくするという利点はあるが、中間の存在は排除される。

経営に関連する概念でも、ローカルとグローバル、マーケットインとプロダクトアウト、ブルーオーシャンとレッドオーシャン、トップダウンとボトムアップ、暗黙知と形式知のように、二分法的な思考が蔓延している。しかし、純粋なグローバル市場やグローバル企業など存在しない[8]。まったく競争がないブルーオーシャンの市場を私は知らない。プロダクトアウトとは作り手の視点を優先させた商品開発のことをいうが、現実の企業は顧客視点であるマーケットインとのどこかの間で活動している。

興味深いことに、日本企業の強みは両極の中間にあることが多い。たとえば、ダグラス・マグレガーは、人の働き方に対する2つの見解を示した。それらは、「人は本来働くことが嫌いで、放っておくと仕事をしなくなる」という X 理論と、「仕事をするのは人の本性」とする Y 理論である[9]。その後、日本型の組織を研究したウイリアム・オオウチは、日本企業の組織が X 理論と Y 理論の両方の良いとこ取りをしていることを報告した[10]。その背景にあるのが、日本企業特有の組織内の信頼関係や気配り、人と人のコミュニケーションである。日本企業の経営スタイルは、社員が自律的に働く組織のかたちを生み出しているのである。

また、企業の経済取引についても二分法の限界が指摘されている。取引費用経済学の権威でノーベル経済学賞を受賞したオリバー・ウィリアムソンは、企業の取引様式がコストによって決まるという[11]。一方の様式は「市場取引（調達）」。その対極にあるのが、垂直統合による「組織内取引（内製）」である。しかし、取引される場所は市場と組織だけではない。日本の系列システムは、市場と組織の間にある「中間組織」の形態をとる[12]。中間組織は特定の取引相手との長期的な関係を前提としているため、企業同士の信頼関係を形成しやすい。また、中間組織は独立した企業間での取引なので、垂直統合（組織内取引）よりも柔軟性が高い。

ただし、両極の良いところを両立させる「中間のイノベーション」を実現するには、さまざまな矛盾を解決しなければならない。たとえば、X型とY型の良いところを合わせ持った組織を機能させるためには、社員間の平等主義を基本にしながらも競争を促し、トップダウンとボトムアップのバランスをとることが必要になる。また中間取引である系列システムは、企業間の長期的な信頼関係がなければ機能しない。

ミッションコア企業は二分法的な思考を否定する。たとえば、1972年創業の（株）ロック・フィールド（神戸市）は「中食」の市場を切り拓いた。食事形態には、飲食店などで食べる「外食」と自宅でつくって食べる「内食」とに分けることができる。そして、惣菜や弁当などの調理済みの食品を買って家で食べる中間的な食事形態を「中食」という。中食が登場した背景には、女性の社会進出や少子高齢化といった社会情勢の変化、食意識、食習慣、食行動の変化、調理に関する技術の進歩がある。ロック・フィールドの創業者である岩田弘三氏は、食の環境変化において中食市場というすき間を見つけた。同社の経営理念は「私たちは、SOZAIへの情熱と自ら変革する行動力をもって、豊かなライフスタイルの創造に貢献します」。この理念を具現化する同社のユニークなビジネスモデルはとても興味深い。

ただし、中間のイノベーションを実現するには、相当の創意工夫が必要である。ロックフィールドの中食に似た事例が、中央タクシーの空港便のビジネスモデルである。宇都宮会長は、バス（大型）とタクシー（小型）の中間にあるジャンボタクシーの可能性に気づいた。

車で移動する手段にはバスかタクシーがあります。バスは多くの乗客を運ぶので効率が高い。タクシーは小回りが利くので使い勝手が良い。だから、タクシーやバスは競争が激しいのです。しかし、その中間のジャンボタクシーには競争相手がいません。当社の利益の大部分は、この真ん中にあるジャンボタクシーが稼ぎ出しています。ただし、ジャンボタクシーそのものが良いのではありません。ジャンボタクシーでないとダメな企画をつくることがポイントです。空港便や家からの旅は、ジャンボタクシーでないと成立しません。しかも、数十台のジャンボタクシーを導入しないと企画できません。

それに加えて、ジャンボタクシーに求められるものは、タクシーやバスとはまったく別物です。ジャンボタクシーの企画には、接客、おもてなし、心配りといった乗務員が競争力になります。「乗客の体調はどうか」「トイレ休憩の必要はあるか」「お客様の乗降をお手伝いすべきか」といった状況への対処力など、乗務員と乗客が一緒にいる時間が長い分、人の力が大事になります（宇都宮恒久会長）。

機械と人のバランスをとる

機械（データ）と人（技）のバランスの取り方を工夫することで、イノベーションが生まれることがある。伝統工芸品や特産品を例にすると、これまでは「手づくり感」「ぬくもり」「ひとつとして同じものがない」など、職人とは切っても切れない関係にあった。しかし、すべてが手作業になると時間もコストもかかるため、事業化が難しいものになる。

そこで機械と手作業のバランスをとる方法として、たとえば、会津塗りの坂本乙造商店は、それまで漆を塗るのに刷毛を使っていたのをスプレーすることで均質さを高めたり、あいやでは、御影石で抹茶を挽く工程を機械化した。

特に、伝統の技と量産を両立させた白鳳堂の取り組みはとても参考になる。従来の伝統的な筆づくりは、一人の職人がすべての工程を担っていた。しかし、創業者の高本氏は工程を細分化することで、各工程の職人技を誰もが担当できるように平易化し、その一方で、いくつかの工程では、専用の道具を開発することで効率化を図った。他方、逆毛やすれ毛などを職人の指先の感触で選別して取り除く「さらえ取り」という作業がある。これは高度な熟練技だが、す

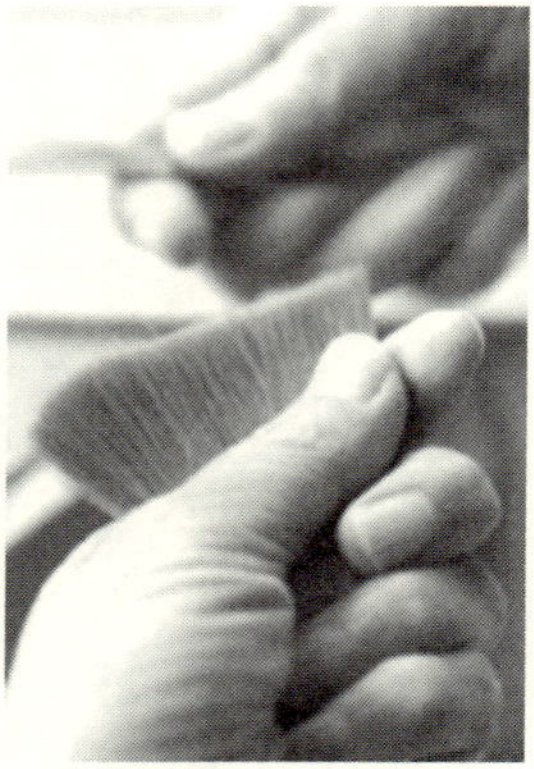

さらえ取り

べての工程で繰り返し行うことによって、妥協のない高品質な化粧筆ができあがる。
職人の技に頼っては品質にバラツキが生まれ、しかも生産は非効率なものになる。かといって、機械化をすすめてしまうと低品質の商品が氾濫する。その中間にある「人と機械のバランス」にイノベーションのヒントが隠されている。

日本企業に合った国際化を考える

第1章で取りあげた永井酒造のスパークリング日本酒について、同業者から話を聞いたことがある。「厳密にいえば、あれは日本酒ではない」。この指摘は、「酒造メーカーが定義する高級な日本酒こそが、海外市場でも高く評価されるはず」という思い込みによるものだ。日本人や業界の価値観を押しつけると、海外市場で失敗することがある。

あいやの海外進出の事例はとても興味深い。あいやが考える「抹茶」と「MATCHA」は同じものではない。海外市場では、「日本の文化的価値をもったおいしい飲み物」というコンセプトは通用しない。海外では、抹茶に塩や砂糖を入れたり、ハーブとブレンドしたり、日本人が想定できない飲み方をすることがある。海外市場で日本文化を展開するには、抹茶の意味や歴史、健康や癒しの概念を現地に適応させる柔軟性が必要になる。

人は自国の文化や価値観を押し付ける傾向がある。たとえば、多くの日本人が海外で日本食とされている料理を見て「あれは和食じゃない」と言うが、海外では紛れもなくジャパニーズ・

フードとして認知される。たとえば「カリフォルニアロールは寿司ではない」という日本人は多い。伝統的な「寿司」の定義から外れているかもしれないが、多くの外国人からみれば紛れもなく「Sushi」だ。初めて青い柔道着を見たとき、眉をひそめて日本の伝統が失われると思った人も多いはずだ。しかし、それは柔道ではないと感じても「Judo」なのだ。

以前、日本を代表するフレンチシェフの三國清三氏から話を伺ったことがある。

フランス料理は世界中どこでも美味しく食べることができるが、和食はそうはいかない。なぜか。フランス料理にはレシピがあるが、和食にはそれがない。和食は食材と料理人がカギになる。

要するに、和食は日本の文化に根ざしているガラパゴスの典型といえる。だからこそ、逆説的だが海外で高い評価を受ける。

その意味において、大企業よりも中堅規模のミッションコア企業の方がグローバル化に向いているようだ。大企業の市場はまさしくオリンピック型の競争が行われていて、グローバル・スタンダードという競争ルールの下で順位を競う。しかし、ミッションコア企業は、日本文化や日本らしさを際立たせ、それを海外流にアレンジして展開している。坂本乙造商店、あいや、白鳳堂、カイハラなどの海外展開は、日本企業が向かうべきグローバル化のあり方を教えてくれる。

随分前に、東洋の神秘と世界に絶賛され、日本人女性モデルの草分け的存在だった山口小夜子さんの本を読んだ。その中に書いてあったのは、「よりナショナルになることによって、インターナショナルであることができる」という言葉であった[13]。これらのことから、ローカルを基軸にしてグローバルに展開するという意味を改めて考えなければならないと言えるだろう。

成長や利益は結果か、目的か

経営戦略論では常に因果関係に注目する。そもそも、因果関係がはっきりしないものは理論ではない。したがって、中央タクシーの「お客様が先、利益は後」やA-Zの「利益第二主義」[14]のように、利益を目的でなく結果だと定義するミッションコアの経営を経営理論と呼ぶのは難しい。ミッションコアの経営ロジックは、ヤマト運輸の創業者である小倉昌男氏の「良い循環」論理に通じる。これは、「良いサービスを提供すればお客様に喜んでいただける。お客様に喜んでいただければ自然に荷物が増える。荷物が増えるとエリア当たりの荷物の個数が増え、密度化が進む。密度化が進むと生産性が上昇し利益が出る」という論理である。この論理が正しいことを今の経営理論では説明することは不可能であり、実務に経営理論が追いついていないことを知る。

また、伊那食品工業の「年輪経営」は、企業の成長について改めて考えさせられる。

木は寒さや暑さ、風雪などの環境によって幅は変わりますが、年輪を必ずつくり前年よりも少しだけ成長します。そして成長を止めません。確実に年輪を一輪ずつ増やしていきます。こ

れこそ企業の自然体であり、あるべき姿ではないかと思っています。
年輪の幅は、木が若い頃は広く、ある程度の大きさになると狭くなるのが自然の摂理です。狭くなるのですから成長率は低くなります。しかし、木全体の円周、容積は年々大きくなっているのですから、成長の絶対量は大きくなります。また、一時的な数字にとらわれて売り上げ増だけを狙うと、他の要素は売り上げに追いつけず、内部に空洞が生じてしまいます（塚越寛会長）。

伊那食品工業をはじめ、ミッションコア企業は急成長を目指さない。なぜならば、急成長を志向すれば社内の経営資源に過度の負担がかかり、成長のスピードに人材が追いつかなくなるからだ。ただし、急成長を志向しないだけであって、既存の技術や商品にとどまることは否定している。ミッション企業は、研究開発や新製品開発、人材の育成といった長期的な種まきを通して、木が年輪を刻むように企業の永続を考えるのである。

同様に、京都の聖護院八ッ橋総本店も売上や利益の優先を否定する。

仕事が順調なときもあれば、悪いときもあります。ある時期に売上が大きくなることもありますが、逆に厳しい時代を迎えることもあります。会社の規模をそれほど大きくせず、時代の変化に合わせて、膨らませたり小さくしたりできるようにしています。私たちは、これを「ちょうちん経営」と呼んでいます（鈴鹿加奈子氏）。

またマツ六の松本氏は、介護リフォームは成長市場だが、ファーストリフォームは成長をコントロールしているという。

カタログに掲載する商品をどんどん増やして、施工業者の登録を多くすれば、間違いなく売上は増えます。しかし、むやみに施工業者の登録を増やせば、当社がもっとも大事にしている「施工のプロによる高品質の工事」という価値を提供できなくなります。また、当社の仕事に関係するすべての人が幸せになるという「協調互敬」の理念に背くことになります。

ミッションコアの経営は、そのときどきの状況に応じて、あるときは成長のアクセルを踏み、あるときはブレーキをかける。つまり、成長とは目的や結果というより、コントロールすべきものである。

［注］

1　サイモン・シネック著、栗木さつき訳『WHYから始めよ！：インスパイア型リーダーはここが違う』日本経済新聞出版社、2012年。

2　デビット・J・ティース著、谷口和弘、蜂巣旭、川西章弘、ステラ・S・チェン訳『ダイナミック・ケイパビリティ戦略』ダイヤモンド社、2013年。

3　磯辺剛彦『トップシェア企業の革新的経営：中核企業の戦略と理念』白桃書房、1998年。

4　ゲイリー・ハメル「いま、経営は何をすべきか」『DIAMONDハーバード・ビジネス・レビュー』2013年3月。

5　ヘンリー・ミンツバーグ、ブルース・アルストランド、ジョセフ・ランペル著、齋藤孝監訳『戦略サファリ：戦略マネジメント・ガイドブック』東洋経済新報社、1999年。

6　デビッド・C・ロバートソン&ビル・ブリーン著、黒輪篤嗣訳『レゴはなぜ世界で愛され続けているのか：最高のブランドを支えるイノベーション7つの真理』日本経済新聞出版社、2014年。
7　マイケル・E・ポーター「［新訳］戦略の本質」『DIAMONDハーバード・ビジネス・レビュー』2011年6月。
8　パンガジ・ゲマワット著、望月衛訳『コークの味は国ごとに違うべきかゲマワット教授の経営教室』文藝春秋、2009年。
9　ダグラス・マグレガー著、高橋達男訳『［新版］企業の人間的側面：統合と自己統制による経営』産能大学出版部、1970年。
10　ウイリアム・G・オオウチ著、徳山二郎監訳『セオリーZ：日本に学び、日本を超える』CBS・ソニー出版、1981年。
11　オリバー・E・ウィリアムソン著、浅沼萬里、岩崎晃訳『市場と企業組織』日本評論社、1980年。
12　今井賢一、伊丹敬之、小池和男『内部組織の経済学』東洋経済新報社、1982年。
13　山口小夜子『小夜子の魅力学。』文化出版局、1983年。
14　牧尾英二『利益第二主義：過疎地の巨大スーパー「A-Z」の成功哲学』ダイヤモンド社、2009年。

おわりに

本書のタイトル「世のため人のため、ひいては自分のための経営論」というのは、企業経営の本質が社会や事業に関わるすべての人の役に立つこと、それが結果として自社の利益になるという意味です。もっと言えば、自社が繁栄するほど社会に貢献していることになります。「社会貢献と自社利益のどちらか一方」とか「両者のバランスをとる」ということではありません。今の事業環境は、社会に役立つことと自社利益の両方を同時に最大化することを企業に求めています。それを可能にするのが、ミッションコア企業の経営イノベーションです。

ミッションコア企業の経営は、「三方よし」「利他の精神」「道徳経済合一」といった日本固有の経営哲学に通じるものがあります。これまでにも日本の伝統的な経営哲学についてたくさんの本が出版されてきました。自社の利益よりも社会全体の利益を優先する経営哲学は日本の誇りです。しかし、このような経営哲学を経営戦略という視点から研究したものを見かけることはありませんでした。

恐らく、バブル経済の崩壊をきっかけに、私たちの誇るべき経営哲学は経済学を背景とした損得勘定に取って代わりました。経済学を拠り所にすると、意図的、合理的、分析的な思考がキーワードになり、結果として、極めて単純化された経済的合理性が経営判断の基準になります。つまり「私たちは何をすべきか」の基準は、「人を幸せにすることや社会の役に立つこと」よりも「自分の儲けになること」が優先されるようになりました。

経済学的な合理性からすれば、ミッションコア企業の「お客様が先、利益は後」という経営哲学は、非合理的で非論理的なものになります。たとえば、マイケル・ポーターは「ほとんどの日本企業に戦略はない」と言っています[1]。その理由として「ほとんどの日本企業は、お互いにまねし、押し合いへし合いをしている」という模倣行動と、「日本人には、顧客から出されたニーズすべてに答えるために全力を尽くすという、サービスの伝統が深く染みついている」という過度の顧客サービスをあげています（原文を引用）。

経営戦略論の主流であるポーターの戦略は、「ポジショニング」と呼ばれるものです。ポジショニングの戦略の本質は、業界や市場の中で魅力的な活動領域を選択することにあり「独自性」（オンリーワン）と「トレードオフ」（二者択一）がキーワードになります。要するに、ポーターが定義する戦略とは「しないこと」を決めることであり、模倣行動や過剰サービスは戦略ではないのです。

そうは言っても、成果主義や株主至上主義といった米国流の経営思想は日本人の感覚には合いません。国の文化や社会構造が違えば、その国で妥当とされる経営哲学も違ったものになるので、経営戦略をどのように定義するかによって、ポーターの指摘の賛否は変わります。ヘンリー・ミンツバーグは、ポーターの「ほとんどの日本企業に戦略はない」という主張を痛烈に批判しています[2]。ポーターの定義する戦略とは、競争環境や自社の経営資源を分析することで、さまざまなポジショニングの中から1つを選択するというものです。しかし、データを分析・計算して、もっとも効率的な案を選択することだけが戦略ではありません。実際には、現場での試行錯誤や学習プロセスによって、徐々に戦略が形づくられるという創発的な側面もあります。

日本企業の国際競争力が低下した理由のひとつは、従来の経営手法が賞味期限を迎えたことにあります。経営戦略の目標は長期的な競争優位の構築だと言われますが、そのようなものは幻想です[3]。国家や企業の繁栄が永遠に続くことなどあり得ません。環境が変化すれば、これまで上手くいっていたやり方が失敗の原因になることがあります。企業経営は、環境に合わせて戦略やビジネスモデルを変えてゆかなければなりません。

そこで重要になるのが、「何を変え、何を変えないか」という判断です。日本の伝統的な経営思想を、今の環境に合ったものにする必要があります。かつて、「ジャパン・アズ・ナンバーワン」と呼ばれた時代があり、日本の奇跡的な成長は世界から称賛されました。しかし、今世紀に入って日本企業の経営手法が通用しなくなり、終身雇用や年功序列といった伝統的な経営慣行が時代遅れとの烙印を押されるようになりました。

あくまでも私見ですが、日本の伝統的な経営哲学が間違っていたわけではありません。時代に合わせて従来の経営哲学や経営手法をメンテナンスすることを怠ったことが、競争力を失った真の原因です。繰り返しになりますが、日本企業に米国の経営手法をそのまま取り入れても上手くいくことは期待できません。経営はその国の文化や価値観を土台にしているので、その土台となる社会構造や価値観と整合しない経営手法をそのまま取り入れることはとても危険です。

日本人が得意なことに「和魂洋才」があります。今の日本企業に求められていることは、日本的な価値観を基軸にして、欧米の経営手法を日本人の価値観に合うように翻訳することです。ミッションコア企業を観察すると、米国流の戦略理論を日本人の価値観を背景にした経営哲学に融合した独創的な経営手法を開発しています。ここに手間ひまをかけ、すべての知恵を集中させることが、日本企業のもっとも得意とする経営イノベーションなのです。

[注]

1 マイケル・E・ポーター「[新訳]戦略の本質」『DIAMONDハーバード・ビジネス・レビュー』2011年6月。

2 ヘンリー・ミンツバーグ『戦略サファリ：戦略マネジメント・ガイドブック』東洋経済新報社、1999年。

3 リタ・マクグレイス著、鬼澤忍訳『競争優位の終焉：市場の変化に合わせて、戦略を動かし続ける』日本経済新聞出版社、2014年。

【著者紹介】

●磯辺剛彦　Isobe Takehiko

1958年福岡県生まれ。1981年慶應義塾大学経済学部卒業。同年（株）井筒屋。1991年経営学修士（慶應義塾大学）、96年経営学博士（同大学）。同年流通科学大学商学部助教授、99年教授。2005年神戸大学経済経営研究所教授を経て、2007年慶應義塾大学大学院経営管理研究科教授（現在、三菱チェアシップ基金教授）。この間、1997年スタンフォード大学経営大学院に客員研究員として留学。2008年（一般財団法人）企業経営研究所所長。

Strategic Management Journal、Academy of Management Journal、Journal of International Business Studiesなどのトップジャーナルに論文多数。Asia Pacific Journal of Managementのシニア・エディター、Journal of International Management や Management International Review の Editorial Board を務める。2004年および2006年の Asia Academy of Management Conferenceにおいて最優秀論文賞を受賞。

主要な著書に『トップシェア企業の革新的経営』白桃書房（中小企業研究奨励賞）、『起業と経済成長』慶應義塾大学出版会、『国境と企業』東洋経済新報社（国際ビジネス研究学会賞・義塾賞）などがある。

専門は、経営戦略論、国際経営論、地方創生論。

世《よ》のため人《ひと》のため、ひいては自分《じぶん》のための経営論《けいえいろん》

ミッションコア企業《きぎょう》のイノベーション

2019年5月16日　初版発行　〈検印省略〉

著　者　磯辺剛彦《いそべたけひこ》

発行者　大矢栄一郎
発行所　株式会社 白桃書房《はくとうしょぼう》
〒101-0021　東京都千代田区外神田 5-1-15
☎ 03-3836-4781　FAX 03-3836-9370　郵便振替 00100-4-20192
http://www.hakutou.co.jp/

装丁・本文デザイン・組版　中野多恵子
印刷・製本　藤原印刷

ISBN978-4-561-25721-9 C3034